초등학생이
가장 궁금해하는
알쏭달쏭 수학
이야기 30

초등학생이 가장 궁금해하는
알쏭달쏭 수학 이야기 30

2002년 7월 20일 초판 1쇄 발행
2010년 11월 25일 개정판 1쇄 발행

지은이 | 장수하늘소
그린이 | 김은희
펴낸이 | 박경희
기획 | 한승수

펴낸곳 | 하늘을나는교실
등록 | 제300-1994-16호
전화 | 031-907-4934
팩스 | 031-907-4935
E-mail | hvline@naver.com

ⓒ 장수하늘소 2010

ISBN 978-89-963187-8-1 74400
ISBN 978-89-963187-0-5(세트)

＊ 책값은 뒤표지에 있습니다.
＊ 잘못된 책은 구입처나 본사에서 바꾸어 드립니다.

초등학생이 가장 궁금해하는 알쏭달쏭 수학 이야기 30

장수하늘소 지음 | 김은희 그림

하늘을 나는교실

숫자에 생명을 불어넣어 주세요!

　수학 책을 조심조심 들춰 보세요. 혹시 숫자들의 웃는 눈과 마주친 적은 없나요? 치, 숫자들이 살아 있냐고요? 암요, 살아 있고말고요. 저마다 성격도 얼마나 다른지 몰라요. 늘 최고라고 허리 꼿꼿하게 펴고 다니는 1을 보세요. 얼마나 도도해요? 그래서인지 1은 모든 수를 나누면서도, 정작 자신은 자기 아니면 못 나누게 하는 독불장군이라고 할 수 있어요.
　그러나 2는 상냥해서 2의 배수들은 모두 외롭지 않게 짝을 찾아 주지요.
　소수라고 들어 봤지요? 그 녀석은 숫자 세계에서 좀 별나기로 이름이 났어요. 고집으로 똘똘 뭉쳐서 체에 걸러도 부서지지 않고 그대로 덩어리째 있답니다.
　어때요? 이만한 개성이라면 숫자들이 숨 쉬고 있음을 무시하지 못할 거예요. 글쎄, 우리처럼 숫자들도 끼리끼리 모임을 가져요. 그 모임은 목적과 때에 따라 달라지지요. 같은 숫자가 이 모임에 참가하기도 하고, 저 모임에 참가하기도 해요.
　"자연수 모여라!" 하면 우르르 모였다가, "정수 모여라!" 하면 자연수에 모였던 숫자들이 정수 모임에 줄줄 따라가지요.
　그렇지만 무리수는 유리수 모임에 절대로 안 간답니다. 둘 사이가 좋지 않은 걸까요?
　또 하나 있어요! 여러 가지 점이나 선, 그리고 면 위에 숫자가 살고 있다는 사실이에요. 그래서 점, 선, 면으로 된 것들은 모두 숫자로 계산할 수 있어요. 날마다 보는 텔레비전, 컴퓨터, 책상, 의자, 책, 강아지 그리고 나도……. 우리 주위가 다 점·선·면으로 만들어졌어요.

맞아요! 자를 가져다 재 보세요. 모두 수로 나타낼 수 있어요. 이렇게 우리 가까이에서 늘 숨 쉬는 숫자를 미처 알아보지 못했던 거예요. 그렇다면 "안녕!" 하고 인사 한번 해 주세요.

이 책에는 이런 모든 이야기가 담겨 있어요. 알쏭달쏭 재미있는 수학 이야기로 그 동안 몰랐던 숫자와 친해질 거예요.

우리 약속 하나 할까요? 제가 숫자한테서 전해들은 얘기예요. 숫자 친구들이 책 속에서 빼빼 말라비틀어지고 있대요. 그 친구들을 보살펴 달래요.

사람들은 숫자가 죽은 줄 알고 관심을 가지지 않는대요. 딱딱한 수학 책은 재미없다고 거들떠보지 않는다나요. 사실은 숫자가 딱딱한 게 아니라 책 주인이 애정을 주지 않아 빼빼 말라 딱딱해진 거래요.

예쁜 눈망울 듬뿍 주고 연필로 사각사각 풀어 주면 금세 통통하고 말랑해질 거래요.

제 부탁 들어 줄 수 있지요?

장수하늘소

머리말 **숫자에 생명을 불어넣어 주세요!** 4

1. **숫자의 발생** 한 마리가 모자라잖아! 8
2. **0 이야기** 있으면서 없고, 없으면서 있는 것은? 14
3. **큰 숫자 1** 난 1등 아니면 안 해! 20
4. **2 이야기** 둘째는 이래저래 서러워! 26
5. **가장 안정된 숫자 3** 둘도 없는 단짝 세 친구 32
6. **십진법** 손가락 하나 때문에 38
7. **배수** 내 재산 돌려줘! 44
8. **수학 기호** 세금을 낸다는 것은? 50
9. **0보다 작은 숫자 음수** 마이너스 부자 이야기 56
10. **짝수와 홀수** 둘로 나눠지는지 볼까? 62
11. **무리수의 정체** 긴 꼬리와 함께한 생일잔치 68
12. **원주율** 동그라미 몸매의 비밀 74
13. **피타고라스의 정리** 절대로 무너지지 않는 성벽 80
14. **황금 비율** 가장 아름답게 보이는 비율은? 86

15. 삼각형 내각의 합은 180도 뭉치면 살고, 흩어지면 죽는다   92

16. 방정식 왕자는 과연 누구?   98

17. 확률 바위가 나를 사랑해 줄까, 아닐까?   104

18. 함수 내가 변하는 건 너 때문이야!   110

19. 미분과 적분 용을 죽여, 살려?   116

20. 기하학 복어가 삼켜 버린 공식   122

21. 우리 겨레의 수학 겨레의 산학 시험   128

22. 카오스 이론 나비의 날갯짓 때문에 다친 거라고!   134

23. 집합 끼리끼리 모여 봐!   140

24. 차원 넌 얼마나 자유롭니?   146

25. 수학의 성질 중요한 부분만 그리면 돼!   152

26. 신비의 마방진 마방진을 등에 지게 된 거북   158

27. 분수와 소수 사과를 똑같이 나눠 먹으렴!   164

28. 완전수(수의 비밀) 6은 완벽해!   170

29. 소수 더 이상 나눠지지 않아!   176

30. 위상기하학 같은 모양을 찾아 나선 고무줄   182

1. 숫자의 발생

한 마리가 모자라잖아!

먼 옛날, 사람들이 아직 숫자를 쓰기 전의 일이에요. 원시인인 바우는 사냥을 나가려고 활과 화살을 들고 산으로 갔어요. 바우는 여덟 마리째 사슴을 잡고 난 뒤로 열흘 동안 사슴은커녕 사슴 그림자도 구경하지 못했어요. 오늘은 반드시 사슴 두 마리를 더 잡아 열 마리를 채워야 해요. 그래야 이웃 마을의 꽃분이한테 장가를 갈 수 있거든요.

꽃분이네 아버지는 꽃분이가 혼인할 나이가 되자 동네에 이렇게 알렸어요. 사슴 열 마리를 가장 먼저 잡아다 바치는 총각한테 꽃분이와 혼인시켜 주겠다고 말이에요. 소문이 퍼지자마자 동네 총각들은 너도나도 사슴 사냥에 열을 올렸어요.

꽃분이는 정말 보기 드물게 예뻤어

요. 그렇게 예쁜 꽃분이와 혼인할 생각만 해도 가슴이 터질 것 같았어요.

바우는 꽃분이 얼굴을 떠올리며 숲 속을 달리기 시작했어요. 그때였어요. 어디선가 부스럭거리는 소리가 났어요. 바우는 커다란 나무 뒤에 몸을 숨기고 소리가

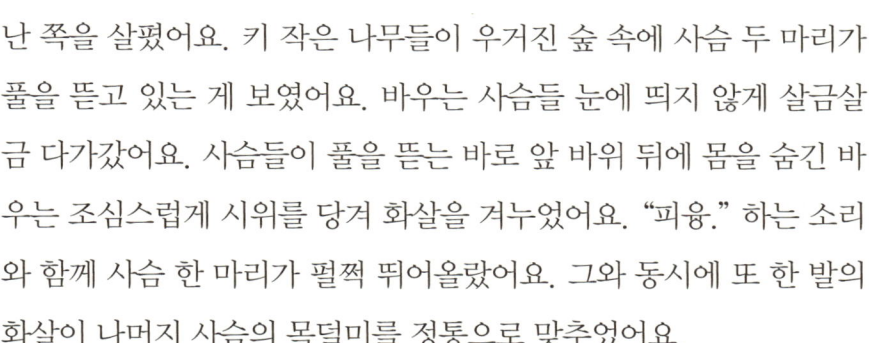

난 쪽을 살폈어요. 키 작은 나무들이 우거진 숲 속에 사슴 두 마리가 풀을 뜯고 있는 게 보였어요. 바우는 사슴들 눈에 띄지 않게 살금살금 다가갔어요. 사슴들이 풀을 뜯는 바로 앞 바위 뒤에 몸을 숨긴 바우는 조심스럽게 시위를 당겨 화살을 겨누었어요. "피용." 하는 소리와 함께 사슴 한 마리가 펄쩍 뛰어올랐어요. 그와 동시에 또 한 발의 화살이 나머지 사슴의 목덜미를 정통으로 맞추었어요.

사슴 두 마리를 잡은 바우는 곧장 꽃분이네 집으로 사슴을 끌고 갔어요.

"자, 이제 다 잡았어요. 어서 꽃분이와 혼인할 수 있게 해 주세요."

꽃분이를 비롯한 식구들이 모두 달려 나와 바우가 잡아온 사슴 두 마리를 바라보았어요.

그러고는 바우의 사냥 솜씨를 칭찬했지요.

한 마리가 모자라잖아! · 9

"허, 역시 바우 자네 대단해. 암! 자네야말로 우리 꽃분이에게 딱 어울리는 신랑감일세."

그런데 흙벽에 그어진 줄을 세 보던 꽃분이 어머니가 손을 저으며 말했어요.

"에이, 아직 한 마리를 덜 잡았구먼. 이걸 보게. 줄이 모두 일곱 개잖아."

사람들은 모두 벽에 그어진 줄을 바라보았어요. 정말 벽에는 줄이 여덟 개가 아니라 일곱 개가 그어져 있는 거예요.

"아니에요. 난 분명히 열 마리를 잡았단 말이에요."

바우는 펄쩍 뛰며 벽으로 다가가 줄을 세어 보았어요. 그런데 정말 줄이 일곱 개밖에 없었어요. 바우는 눈을 비비고 나서는 자세히 살펴보았어요. 그런데 줄 하나가 물이 흘러내리면서 지워진 것처럼 보였어요.

"여기 줄 하나가 지워진 거예요. 잘 보세요."

그러나 사람들은 하나같이 지워진 게 아니라 본디 줄이 없는 거라며 도무지 믿지를 않았어요. 바우는 억울해서 미칠 것만 같았어요. 바우는 가슴을 치며 억울함을 호소했지만, 그 누구도 바우의 편을 들어주지 않았답니다.

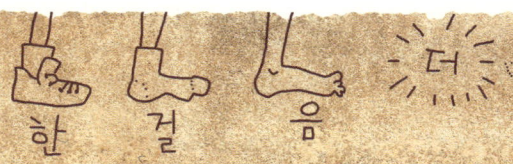

숫자가 생기기 전에는 어떻게 수를 세었을까요?

아주 먼 옛날에는 하나, 둘, 셋, 넷……이나 1, 2, 3, 4…… 같은 말이나 숫자가 없었어요. 그렇다면 그때에는 어떻게 수를 세었을까요?

막막할 것 같지만 아주 간단해요. 물건 하나에 눈금 하나씩을 긋거나, 끈을 묶어 매듭을 만들거나, 돌멩이나 막대기를 하나씩 쌓아서 수를 세었지요.

그럼 목동이 양을 어떻게 세는지 살펴볼까요? 목동은 동굴 입구에서 양이 한 마리 지나갈 때마다, 뼈에 눈금을 하나씩 새겨요. 저녁에 양 떼를 몰아넣으면서도 마찬가지로 세지요. 이때 만약 눈금 하나가 남았다면? 그건 양을 한 마리 잃어버렸다는 뜻이겠죠? 반대로 양이 남고 눈금이 하나 모자라면? 남의 집 양이 한 마리 섞였거나 우리 양이 새끼를 낳은 거지요.

최초의 셈은 이런 '일대일 대응' 방식이었어요.

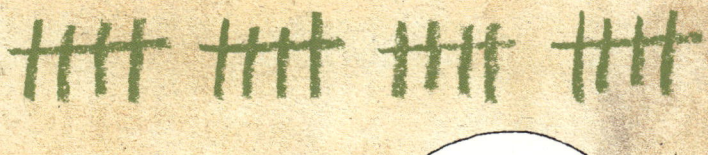

옛날 사람들은 이런 방식으로 수를 세어 표시했어요.

인류가 발명한 가장 오래된 숫자는?

사람들이 가축을 잘 키워 가축의 수가 아주 많이 늘면 어떻게 해야 할까요? 눈금이나 돌멩이, 매듭, 막대기도 엄청 많아야겠지요? 무작정 눈금을 많이 그리고, 돌멩이를 많이 쌓기만 하면 될까요? 아니에요. 어느 정도까지는 눈금이나 돌멩이로 표시할 수 있겠지만 그 수가 100개, 1000개로 마구 늘면 이것을 눈금이나 돌멩이로 표시하기 어려워져요.

그래서 사람들은 단위를 사용하기 시작했어요. 작은 조약돌은 1단위, 중간 크기의 돌은 10단위, 더 큰 돌은 100단위 하는 식으로요.

수메르 사람들은 수를 표시하는 물건을 진흙 속에 넣었어요. 진흙 주머니는 주인이 심부름을 시킬 때 요긴하게 쓰였지요. 목동이 양을 전달하면 이를 전달받은 사람은 진흙 주머니를 깨고, 속에 든 수와 양의 수를 맞춰 보았어요. 도중에 양을 잃기라도 하면 목동은 혼쭐이 나겠지요?

하지만 매번 진흙 주머니를 깨는 일이 번거로웠어요. 그래서 진흙 주머니의 겉면에다가 속에 든 것을 그렸답니다. 이 그림이 바로 최초의 숫자예요.

이렇게 점점 많아지는 수를 효율적으로 표시하기 위해 사람들은 숫자를 만들어 내기 시작한 거예요.

수메르 점토판

수메르인들은 이렇게 점토판에 숫자나 문자를 새겨 넣었어요.

잉카 키푸

잉카인들이 매듭을 이용해 여러 가지 문자나 수를 표시한 거예요. 각 줄마다 매듭을 다르게 만들어 숫자나 전달할 뜻을 표시했어요.

이렇게 체계적으로 자를 만든 것은 인류의 역사가 이어진 한참 뒤의 일이에요!

황동척

지금 우리가 쓰는 숫자는 인도에서 왔어요

오늘날 우리가 사용하는 계산의 기초는 5세기쯤 북 인도에서 만들어졌어요. 하지만 처음부터 완전한 모습을 갖춘 건 아니에요. 북 인도인들이 기원전 3세기부터 약 천 년에 걸쳐 꾸준히 발전시켰지요. 무엇이든 시행착오와 노력 없이 한 번에 되는 건 없답니다.

아래 그림이 요즘 숫자의 옛 모습이에요. 어때요, 비슷한가요? 고대 인도의 숫자, 지금의 아라비아 숫자와 비슷하지요?

한 마리가 모자라잖아! · 13

2. 0 이야기

있으면서 없고, 없으면서 있는 것은?

    숫자들이 소풍을 갔어요. 1부터 9까지 나란히 줄을 지어 징검다리를 건너고, 숲 속 길을 걸었어요. 숫자들은 신이 나서 재미있게 자기 번호를 부르며 걸었어요.
    "일, 이, 삼, 사, 오, 육, 칠, 팔, 구!"
    서로서로 자기 번호를 크게 외치느라 숲 속이 시끌시끌했어요. 그런데 갑자기 이상한 소리가 들렸어요.
    "영!"
    "어, 이상하다! 무슨 소리 들리지 않았니?"
    맨 뒤에 오던 9가 두리번거리며 말했어요. 8도 두리번거리며 맞장구를 쳤어요.
    "나도 들었어. 누군가 '영!' 하고 소리쳤거든."
    "에이, 무슨 소리가 났다고 그래? 우린 아무 소리도 못 들었는데."
    앞에 가던 1과 2가 얼굴을 찌푸리며 말했어요.

"그래그래. 그냥 바람 소리였을 거야."
숫자들은 다시 자기 번호를 차례대로 외치며 걸었어요.
그때였어요. 갑자기 숲 속에서 이상한 소리가 들렸어요.
"영, 영, 나는 영! 얘들아, 내가 누구게?"
숫자들은 깜짝 놀랐어요. 1이 숲 속을 향해 소리쳤어요.
"넌 누구니? 어서 나와. 그렇게 숨어서 자꾸 놀리기만 하면 혼내 줄 거야."
숫자들은 화도 나고 왠지 불안해졌어요. 혹시 귀신이나 도깨비 아닐까요? 숲 속에서 다시 말소리가 들렸어요.

"있으면서 없고, 없으면서 있는 게 뭔지 알아맞히면, 모습을 보여 주지."

숫자들은 어이가 없었어요.

"뭐라고? 세상에 그런 게 어디 있니? 있으면 있는 거고 없으면 없는 거지. 넌 순 엉터리구나."

그때였어요. 숲 속에서 동그란 굴렁쇠 같은 게 떼굴떼굴 굴러 나왔어요. 동그란 굴렁쇠는 숫자들 앞에까지 굴러 와서는 멈추었어요.

"호호호, 너희들 많이 놀란 모양이구나? 나야, 영! 아무것도 없음을 나타내지만, 분명히 있는 숫자! 나도 너희의 친구야."

숫자들은 어이가 없었어요.

"흥, 우린 너하고 친구할 마음 없어. 그러니까 딴 데 가서 알아봐."

숫자들은 친구하자는 영을 뿌리치며 자기들끼리 갔지만 영은 계속 따라왔어요. 숫자들이 "일, 이, 삼……." 하고 외치면, 마지막에 꼭 "영!" 하면서 말이에요.

"나는야 영! 너희가 가는 곳은 어디든 따라가지. 있으면서 없고, 없으면서 있는 나는야, 영!"

0은 어떻게 생겨났을까요?

0이 없던 시절, 사람들은 숫자를 쓰면서 어떤 자리가 비었을 경우에 그 자리를 그냥 비워 두었어요.

말하자면 '102'는 '1 2'로 쓰는 거예요. 그랬더니 1 2를 12나 120과 헷갈리는 일이 많아졌어요. 그래서 기원전 2세기쯤 불교에서 쓰는 말인 '없다.'라는 뜻의 공(空)에서 0이 만들어졌지요.

그렇다고 처음부터 '0'이 0 모양을 갖춘 건 아니에요. ·(점)이나 ○(작은 원)으로 쓰다가 7세기가 되어서야 지금의 0이 등장했답니다.

● (점) →
○ (작은 원) → 0 (숫자 영)

수행중인 수도승

인도의 수도승들로부터 0이 비롯됐다고 하지요.

0은 여러 모로 쓸모가 있어!

0은 큰 수를 표시할 때 아주 쓸모가 있어요. 그런데 이런 0이 없을 때는 어떻게 했을까요? 바로 자리수마다 이름을 만들었지요. '2 3'은 이 '백' 삼이라고 읽어서 이 '십' 삼과 다르다는 걸 알렸어요. 이렇게 일, 십, 백, 천, 만, 억, 조……같은 이름을 새로 지어 내야 하니 번거로웠지요.

하지만 0이 생기고 나서는 끝없이 높아지는 단위에 일일이 이름을 안 붙여도 마음껏 높은 수를 만들게 되었어요. 0만 붙이면 되니까요. 억은 0을 8개, 백 억은 0을 10개 붙이면 되는 식으로 말이에요.

우리 친구들도 아직 세상에 이름 붙여지지 않은 높은 수를 만들 수 있겠지요? 1000000000……처럼 끝없이 0을 붙이면 얼마든지 큰 수를 만들 수 있을 거예요.

0의 역할은 이것으로 끝이 아니에요. 사실 0은 처음에 자리를 구별하는 기능만 있었어요. 그러다가 수세기가 지나서야 인도의 수학자들이 0 자체가 고유의 수임을 알게 되었지요. 1, 2가 '하나, 둘이 있다.'는 뜻을 나타내는 숫자인 것처럼, 0 역시 '아무것도 없음'을 나타내는 숫자라는 걸 안 거예요.

수로서 정식으로 인정받기 위해서는 더하기, 빼기, 곱하기, 나누기에 적절하게 쓰여야 하는데, 0은 이에 적절하게 맞았어요. 0+0=0, 0+1=1, 0×3=0처럼 0을 사칙연산에 넣고 계산해 보니 논리적으로 무리가 없었어요. 비로소 0은 수로서의 자격을 얻었답니다.

> 백 단위는 0이 없어 그냥 빈자리로 두었어요.

중국 산목으로 만든 숫자

마야 사람이 사용한 0

중앙아메리카에 살던 고대 마야인은 이미 3세기 때부터 0을 썼답니다. 이것은 인도보다는 3백 년, 아라비아 상인보다는 7백 년쯤 앞선 것이지요.

마야 사람은 20을 한 묶음으로 해서 수를 세는 20진법을 사용했어요. 점(·)은 1을 나타내고 막대(—)는 5를 표시하지요. 또, 조개 껍데기와 달팽이 껍데기 모양의 0을 독자적으로 개발하여 사용했답니다.

하지만 건축, 수학, 천문학 같은 여러 분야에서 찬란한 문명을 꽃피웠던 마야인들은 아쉽게도 10세기가 끝나갈 무렵 갑자기 사라지고 말았답니다.

O 모양의 여러 조개껍데기들

점과 막대로 표시된 마야의 숫자

마야 사람은 20을 한 묶음으로 세는 수 체계(20진법)를 썼어요.

3. 큰 숫자 1

난 1등 아니면 안 해!

돌이는 무슨 일이든 1등을 해야 직성이 풀리는 아이예요. 공부도 1등, 달리기도 1등, 학교에 가는 것도 1등, 하다못해 밥 먹는 것도 1등을 해야 했어요.

그래서 늘 마음이 불안했어요. 시험을 봐도 이번에 1등을 못 하면 어떻게 하나, 달리기를 하다 넘어져 꼴찌를 하면 어떻게 하나…….

그러던 어느 날이에요. 돌이는 날이 채 밝기도 전에 학교로 향했어요. 학교 운동장은 여느 날과 다름없이 텅 비어 있었어요.

돌이는 혹시나 하는 마음으로 교실 문을 열었어요. 그렇지만 역시 돌이가 1등이에요.

아이들이 오려면 아직도 한 시간은 더 기다려야 하지요.

그때였어요. 교실 문이 드르륵 열리며 누군가 들어왔어요. 처음 보는 아이였어요. 아이도 돌이를 발견하고는 말을 건넸어요.

"안녕! 이렇게 일찍 학교에 오는 아이가 바로 너였구나. 넌 공부도 1등, 달리기도 1등이라던데 학교에 오는 것까지도 1등이구나?"

돌이는 퉁명한 목소리로 대꾸했어요.

"흥, 남이야 학교에 1등으로 오든 말든 네가 무슨 상관이야? 그런데, 넌 누구니?"

"난 아이들의 수호천사야. 무언가에 쫓기거나 자기 성격 때문에 시달리는 아이들을 도와주는 천사! 무슨 일이든 1등을 하지 않으면 불안에 시달리는 널 도와주려고 왔어."

돌이는 기가 막혔어요. 무슨 동화 같은 소리를 하나 싶었던 거죠.

"너 무척 웃기는 아이로구나. 난 네 도움 따위는 필요 없어. 그러니까 어서 이 교실에서 나가."

그렇지만 낯선 아이는 돌이 곁에 서서 손을 뻗어 어딘가를 가리켰어요. 돌이는 아이가 가리키는 쪽을 바라보았어요. 거기에는 무슨 일이든 늘 꼴찌만 하는 준호가 풀이 죽은 얼굴로 앉아 있었어요. 누군가에게 크게 야단을 맞았는지 훌쩍이고 있었어요. 아이가 말했어요.

"네가 무슨 일에서든 1등을 하려고 힘든 것처럼, 준호는 무슨 일에서든 꼴찌만 하기 때문에 힘들어해. 서로 힘

든 건 마찬가지인데 준호는 왜 저렇게 풀이 죽은 채 훌쩍여야 하는 걸까?"

돌이는 평소에 말도 건네지 않던 준호에게 다가갔어요. 돌이를 본 준호는 더욱 서럽게 소리 내어 울었어요.

"돌이 너 저리 가! 저리 가란 말이야. 난 너 같은 아이가 싫어. 네가 1등만 하는 동안, 난 늘 꼴찌만 해 왔어. 난 너 같은 애가 정말 싫어."

돌이는 너무나 당황스러웠어요. 늘 1등을 지키려고 하는 자기가 가장 힘든 아이라고 생각했었는데, 준호는 정말 세상에서 가장 힘든 아이 같았어요.

그때였어요. 반 아이들이 하나둘 교실로 들어서더니 돌이를 빙 에워싸는 거였어요. 그러면서 하나같이 눈을 흘기면서 돌이를 비웃는 게 아니겠어요. 돌이는 정말 몸둘 바를 몰랐어요.

"왜, 왜들 그래? 너, 너희도 1등을 하면 되잖아."

돌이는 아이들에게 둘러싸인 채 벗어나려고 발버둥을 치다가 눈을 번쩍 떴어요. 아, 꿈이었어요. 돌이는 창으로 햇살이 눈부시게 쏟아져 들어오는 것을 느끼고는 허겁지겁 거실로 나갔어요.

"엄마는 참! 지금까지 안 깨우면 어떻게 해요?"

그러다가는 문득 이렇게 말하는 거였어요.

"괜찮아요, 엄마. 오늘부터는 좀 천천히 가죠, 뭐."

평소와 다르게 느긋하게 집을 나서는 돌이를 보면서 엄마는 연방 머리를 갸웃거릴 뿐이었어요.

숫자 1에는 어떤 뜻이 담겨 있을까?

숫자 1은 개수로는 하나라는 뜻이에요. 1이 의미하는 가장 기본적인 뜻이지요. 하지만 1에는 이 외에 다른 뜻도 담겨 있답니다. 바로 순서로 가장 먼저인 첫 번째를 뜻해요. 이것은 나아가 신, 왕, 우두머리, 아버지를 가리키기도 하고 빛, 행복을 상징하기도 하지요.

또 모든 일의 시작이라는 뜻도 있답니다. 옛날에 쾨벨이라는 사상가는 1은 수가 아니라 다른 모든 수를 낳은 부모이고, 시작이고, 바탕이라며 매우 큰 의미를 두었어요.

1은 속을 알 수가 없다니까

숫자 1은 간단하면서도 신비로운 수예요. 모든 수를 나눌 수 있는 유일한 수이니까요. 그러면서도 자신은 다른 수로는 나누어지지 않지요.

1이 이렇게 알쏭달쏭해서 고대 그리스 사람들은 고심 끝에 1을 수로 인정하지 않기로 했어요. 그래서 이때는 최초의 홀수가 1이 아니라 3이었답니다.

양으로 따지면 아주 적은 1

1에는 '아주 적다.'는 뜻도 있어요. '천리 길도 한 걸음부터', '첫술에 배부르랴.'란 말을 잘 생각해 보면 알 수 있어요. 1에는 이렇게 적고 보잘것없는 것이란 의미가 있어요.

하지만 하나하나가 모여 결국 전부를 채우니, 1은 적으면서 큰 수지요? 이렇게 1 안에는 서로 다른 성질이 동시에 있어요. 이것은 다른 숫자에서는 볼 수 없는 1만의 독특한 면이랍니다.

一	二	三	四	五	六	七	八	九	十	百
1	2	3	4	5	6	7	8	9	10	100

중국의 숫자와 아라비아 숫자예요. 나라마다 숫자 1은 모두 비슷한 모양이지요?

미국 테러 사건에 얽힌 숫자, 11

2001년 9월 11일, 흔히 쌍둥이 빌딩으로 불렸던 미국 뉴욕의 월드 트레이드 센터 빌딩이 테러를 당했어요. 이날 사건은 11이란 숫자와 연관이 꽤 많아요.

우선 9월 11일을 그대로 쓰면 9110이지요. 9, 1, 1을 다 더하면 11이 나와요. 또 숫자 11은 쌍둥이 빌딩의 모습과 비슷해요. 테러를 당한 뉴욕 주는 미국에서 11번째로 편입된 주이고요. 그리고 뉴욕 시(New York City)의 알파벳 수 또한 11개이지요. 빌딩에 충돌한 아메리칸 에어라인 비행기는 AA11편이었어요. 게다가 탑승객 수 또한 92명으로 두 수를 합하면 11이 돼요. 두 번째 비행기에 타고 있던 승객 수는 모두 65명이었는데 이 숫자를 합해도 11을 얻을 수 있어요. 또 있어요. 9월 11은 1월 1일부터 시작하여 254번째 되는 날인데, 이 숫자 역시 다 더하면 11이 된답니다.

우연의 일치일까요, 아니면 숫자는 어떻게든 사물과 관련시킬 수 있는 걸까요? 판단은 여러분에게 맡길게요. 단, 평화로운 세상을 꿈꾸는 마음은 다 같기를 바랍니다.

지금은 사라지고 없는 미국 뉴욕의 쌍둥이 빌딩

숫자 11과 닮았어요.

4. 2 이야기

둘째는 이래저래 서러워!

　토끼네는 오늘 아침에도 시끌시끌해요. 토끼 삼 형제가 학교에 갈 시간이거든요. 삼 형제는 서로 엄마 아빠한테 자기 것부터 챙겨 달라고 졸라댔어요.
　이것 챙겨 주면 저것 챙겨 달라고 하고, 막내 챙겨 주면 맏이가 챙겨 달라고 하니 엄마 아빠는 정신이 없었어요.
　"자, 이제 다 챙겼니? 그럼 어서들 학교에 가렴."
　엄마 토끼가 대문 밖을 나서는 토끼 형제들을 배웅했어요. 첫째, 셋째가 먼저 대문을 나가고, 둘째가 마지막으로 나왔어요. 둘째는 시무룩한 표정으로 엄마 토끼한테 말했어요.
　"엄마, 연필이 하나도 없어요. 연필 사게 돈 좀 주세요."
　그러자 엄마 토끼는 눈을 동그랗게 뜨며 말했어요.
　"뭐라고? 그러면 진작 말했어야지 이제야 말하면 어떻게 해. 자, 여기!"
　둘째는 엄마가 내미는 돈을 받아들고는 머리를 숙인 채 터덜터덜 걷기 시작했어요.
　둘째는 왠지 슬펐어요.

'엄마 아빠는 왜 나한테는 별 관심을 보이지 않는 걸까? 내가 미운 걸까? 다른 아이들 건 다 챙겨 주시면서 왜 나는 맨 마지막에 챙겨 주시는 걸까?'

토끼 삼 형제는 학교 수업이 끝나자 다 같이 집으로 향했어요.

엄마 토끼는 맛있는 간식을 준비해 놓고 토끼 형제들을 기다리고 있었어요.

"우아, 맛있는 고구마다!"

두 형제는 우르르 몰려들어 맛있게 쪄 놓은 고구마를 먹어 치웠어요. 그렇지만 맨 마지막에 집으로 들어선 둘째 토끼는 고구마를 먹지 못했어요. 하나도 남겨 놓지 않았거든요.

둘째 토끼는 뒤뜰 바위 밑에 가서 쭈그리고 앉았어요. 아무리 생각해도 엄마 아빠는 자기를 사랑하지 않는 것 같았어요. 그때, 엄마 토끼가 바위 밑에 쭈그리고 앉아 있는 둘째를 발견하고는 다가왔어요.

"왜 혼자 나와 있어?"

둘째 토끼는 울먹울먹하면서 말했어요.

"엄마 아빠는 형하고 동생만 사랑하잖아. 나는 미워하고, 나도 고구마가 먹고 싶단 말이야. 으앙!"

엄마 토끼는 둘째가 울음을 터뜨리자 어쩔 줄을 몰랐어요.

"아, 아니야. 엄마 아빠는 우리 둘째도 사랑해."

"그럼 왜 나한테는 고구마도 안 주고, 무엇이든 맨 마지막에 챙겨 주는 거야? 으앙!"

그러자 엄마 토끼는 미안한 웃음을 지으며 말했어요.

"으, 으응. 그건 그러니까, 네가 둘째라서……, 아니, 그게 아니고, 네가 아무 말도 하지 않으니까, 아니, 그것도 아니고, 네가 늘 맨 마지막에 말하니까. 아냐, 아냐, 엄마가 우리 둘째한테 아무래도 소홀했던 것 같다."

엄마 토끼가 더듬더듬 둘러대는 모습을 본 둘째 토끼는 그만 웃음을 터뜨리고 말았어요. 엄마 토끼는 너무 미안한 나머지 얼굴에 진땀을 흘리고 있었거든요. 둘째 토끼는 큰 소리로 이렇게 말했어요.

"그래도 난 엄마 아빠가 좋아요!"

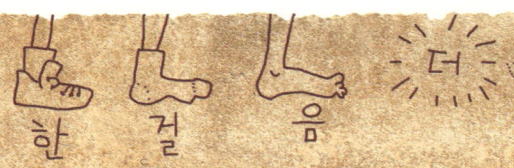

극과 극이 만나 이루는 세상, 2

　1보다 크고, 3보다 작은 수인 2는 우리가 사는 세상에서 가장 안정적인 힘을 지닌 숫자라고 할 수 있어요. 어떤 면이 그런지 살펴볼까요?

　2는 세상의 만물을 이루는 가장 기본적인 숫자예요. 우선 사람의 감각 기관을 보면, 대부분 2개로 쌍을 이루고 있어요. 눈, 귀, 손, 발, 신장, 유방, 콧구멍 등 말이에요. 이뿐만이 아니에요. 우리의 모든 기관을 관장하는 뇌도 두 부분으로 되어 있어요. 바로 좌뇌와 우뇌로 말이지요.

　사람의 몸 외에 세상에는 이렇게 쌍을 이뤄 하나의 상태를 나타내는 것은 아주 많아요. 지구도 그런 것 가운데 하나예요. 지구에는 남극점과 북극점이 양 끝에 있거든요.

　2는 서로 반대지만 이 세상에서 어느 한쪽이라도 없어서는 안 될 양극을 나타내기도 하지요. 양과 음, 능동적인 것과 수동적인 것, 남성적인 것과 여성적인 것, 불과 물, 낮과 밤처럼 말이에요. 이처럼 서로 보완해 주는 관계를 상징하는 2에는 세상을 만드는 원리가 숨어 있지요.

태극 문양

동양 철학에서 태극은 음과 양으로 빚어지는 자연의 원리를 나타내요. 이것을 음양의 조화라고 해요.

2가 악마의 숫자라고?

1을 완전한 수라고 생각해서 옛날 사람들은 1에서 멀어진 최초의 수 2를 죄악의 수라고 여겼어요. 그래서 중세의 학자들은 구약성서 창세기의 둘째 날에 '좋았더라.'는 말이 안 나온다고 했지요.

동양에서도 2를 좋지 않다고 보았어요. 동시에 두 가지 일을 하는 것을 금하고, 두 쌍의 부부가 같은 날에 결혼할 수 없었어요. 유대교 율법에도 남자가 두 여자, 두 마리 개나 돼지 사이로 지나다니지 못하게 했지요. 이슬람교에서는 두 빛깔은 위선적이라는 의미로 여겼어요. 또, 위선자를 가리켜 두 개의 혀를 가진 아버지라 부른답니다.

그래서 2를 악마의 숫자라고 여기기도 했어요. 어쩌면 숫자 2가 가진 모양 때문은 아닐까요?

2와 2가 만나서 된 수, 4는 어떤 수일까?

고대 그리스에서는 4를 질서의 수라고 믿었어요. 그 시대의 철학자들의 모임인 피타고라스 학파도 네 개의 변을 가진 사각형을 완전하고 확고한 도형이라고 여겼지요. 같은 의미로 중세 유럽 성직자 이레네우스도 4복음서보다 많거나 적은 수의 성서는 없다고 말했답니다.

피타고라스 학파는 모든 수를 도형으로 나타낼 수 있다고 믿었어요. 예를 들면, 10은 변의 길이가 2와 5인 직사각형의 넓이로 표현하지요. 따라서 사각형은 수를 나타내는 데도 완전한 도형이랍니다.

또, 인도의 이슬람교 신자들은 아이가 나흘째나 네 살, 또는 넉 달째가 되었을 때 처음 코란을 들려주는 게 가장 바람직하다고 여겼어요.

하지만 중국과 우리나라에서는 4의 발음이 죽을 사(死) 자와 같다고 해서 일상생활에서 4라는 수를 잘 쓰지 않았어요. 요즘에도 빌딩의 층이나 엘리베이터에는 4자가 빠져 있는 걸 종종 볼 수 있지요.

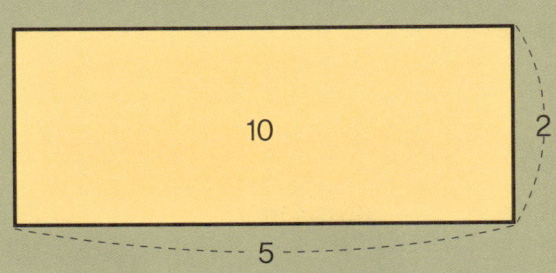

5. 가장 안정된 숫자 3

둘도 없는 단짝 세 친구

　진이와 은규는 둘도 없는 단짝 친구예요. 둘은 학교에 갈 때도 같이 가고, 놀 때도 같이 놀고, 학원도 같은 학원을 다녔어요. 아이들은 진이와 은규 사이가 아주 좋아 부러워하기도 하고 시샘하기도 했지요.

　아이들은 진이와 은규처럼 서로 친하게 지내려고 했지만, 잘 안 됐어요. 아주 작은 일 가지고도 옥신각신 다투다가 헤어지기 일쑤였거든요.

　그런데 보람이는 달랐어요. 진이와 은규 사이가 왠지 불안하다고 했어요. 아이들 앞에서만 친한 척, 가까운 척하는 거라고 말이에요. 그러자 다른 아이들이 보람이한테 한 마디씩 했어요.

"보람아, 너 괜히 샘내는 거지?"

"흥, 내 말이 맞는지 틀린지 너희가 직접 확인해 보면 될 거 아냐?"

아이들은 보람이의 말에 혹시나 하는 생각으로 진이와 은규의 뒤를 밟아 보기로 했어요.

학교 수업이 끝나자 진이와 은규는 아침에 같이 학교에 왔던 것처럼 또 둘이 함께 집으로 가는 거였어요. 얼마나 갔을까요? 학교에서 좀 멀어진 듯하자 두 친구는 쌩하고 등을 돌렸어요. 그러더니 언제 같이 왔냐는 듯이 서로 다른 길로 가는 거였어요. 뜻밖의 상황을 본 아이들은 다음 날 등굣길에 몰래 숨어서 지켜보았어요. 놀랍게도 두 친구는 다른 길로 와서는 학교 근처에서 만나 같이 학교로 오는 거였어요.

아이들한테 이 사실을 들은 보람이가 말했어요.

"내 말이 맞지? 진이하고 은규는 우리의 부러움을 받으려고 일부러 가까운 척하는 거야. 물론 친한 친구이기는 하지. 그렇지만 둘 사이에 문제가 생겼을 때, 다른 친구의 도움을 받지 않는다면 문제가 쉽게 풀리지 않을걸."

아이들은 보람이의 말을 듣고는 모두 머리를 끄덕였어요. 보람이가 똑똑한 줄은 알았지만, 저토록 사람의 마음을 읽을 줄은 몰랐거든요.

그런데 진이와 은규는 왜 사이가 벌어진 걸까요? 그 사실은 어느 날 진이와 은규가 따로따로 보람이와 이야기를 하면서 자연스럽게 알려졌어요. 처음에는 아주 친했는데 시간이 지나면서 자꾸 다투게 되었다는 거예요. 마음이 잘 맞는 것 같다가도 의견이 한번 어긋나면 심하게 다투게 된다는 거였지요.

그러자 보람이가 두 친구에게 말했어요.

"둘은 마음이 쉽게 통하기도 하지만, 또 갈라서기도 쉬운 법이야. 너희끼리만 친하게 지내지 말고, 다른 친구들하고도 친하게 지내도록 해 봐. 그리고 친구끼리는 다투기도 하는 거야. 너희는 다툴 줄만 알지 화해할 줄은 모르는 게 문제야."

진이와 은규는 보람이의 말에 머리를 끄덕끄덕했어요. 보람이한테 이렇게 어른스러운 면이 있을 줄은 정말 몰랐거든요. 두 친구는 갑자기 보람이 앞에 무릎을 꿇으며 소리쳤어요.

"사부님, 저희를 제자로 받아주세요, 네?"

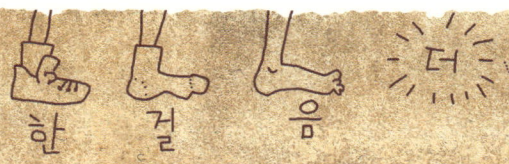

3은 많은 것을 뜻해요

인간이 세는 수는 처음에 1과 2뿐이었지요. 원시사회에서는 그 다음은 뚜렷한 개수를 모르고 그냥 많은 수로 받아들였답니다. 3 이상의 수를 셀 때는 1과 2를 사용해서 수를 세었지요. 그래서 3에는 '많다', '충분하다'는 뜻이 있답니다.

가위, 바위, 보를 세 번 한 뒤에 결정하거나 동화 속에서 소원을 세 번 들어 주는 것들은 이런 이유 때문이 아닐까요? 세 번이면 충분히 많다고 말이에요!

완전무결한 수, 3

3은 많은 수이기도 하지만 완전하고 흠 없는 것을 뜻하기도 해요. 자연은 동물, 식물, 광물의 3가지로 이루어졌고, 인간은 마음, 영혼, 육체 3가지가 합하여 되었다고 생각하기 때문이지요. 아리스토텔레스는 3은 '일체'라는 말에 꼭 맞는 수라고 주장하기도 했어요.

또, 3이라는 수는 최초로 기하학 도형을 만들지요. 세 점과 세 변이 있으면 삼각형을 만들 수 있거든요.

서양에서 3은 이렇게 모든 것을 완벽하게 만드는 수라고 생각했답니다.

아리스토텔레스 (기원전 384~기원전 322년)

3은 일체라는 말에 꼭 맞는 수라고 주장했어요.

초등학생이 가장 궁금해하는 수학 상식 5

3은 악마의 수?

3을 좋게 여기기도 했지만 나쁘게 여기기도 했어요. 바로 3을 악마의 수라고 생각한 경우도 있거든요. 왜냐하면 악마는 이따금 성부, 성자, 성령인 삼위일체 신을 흉내내고, 세 가지 무시무시한 모습으로 나타나기 때문이에요.

그래서 삼거리가 교차되는 곳을 두려워했지요. 심지어 어떤 사람들은 식탁에 세 명이 앉는 것을 꺼리기도 했답니다. 세 명이 모이면 흑마술을 행할 수 있기 때문이라나요? 흑마술은 사람을 해치는 마술이거든요.

삼위일체
(티치아노 에스파냐
프라노 미술관)

이 그림은 성부, 성자, 성령이 하나로 조화를 이룬 걸 표현한 것이에요.

2와 3이 만나 결혼한 5

　　2는 여성의 수, 3은 남성의 수라고 해요. 그래서 2와 3을 합한 5는 여성과 남성을 합한 인간을 나타내는 수로 조화와 정의를 상징해요. 이처럼 5는 인간의 삶을 나타내기 때문에 사랑의 수이며, 혼인의 수이기도 한답니다.

　　짝수는 둘로 똑같이 나눌 수 있지만
　　아무것도 가운데에 남지 않는 까닭에
　　갈라진 둘을 하나로 묶을 수 없다네.
　　사람들이 5를 가장 높게 치는 것은
　　짝수와 홀수의 으뜸수 2와 3을 더해
　　처음 나오는 홀수이기 때문이라네.

　　　　　조지 채프먼의
　　　　'해로와 레안드로스 중 결혼식'

전통 혼례 장면

5는 여성의 수 2와 남성의 수 3이 만나서 된 것이에요.

6. 십진법

손가락 하나 때문에

밤나무골에 사는 돌쇠는 어릴 때부터 머슴이에요. 엄마 아빠가 부잣집에 머슴살이를 하러 들어가면서 돌쇠도 부잣집의 머슴아이가 된 거지요.

그런 돌쇠는 다른 아이들과는 좀 다른 게 있었어요. 바로 한쪽 손가락이 여섯 개라는 거였어요. 사람의 손가락은 왼손에 다섯 개와 오른손에 다섯 개를 합해 모두 열 개잖아요? 그런데 돌쇠는 오른손의 손가락은 다섯 개인데 왼손의 손가락이 여섯 개였던 거예요. 그래서 사람들은 돌쇠를 손가락이 여섯 개라고 해서 '육손이'라고도 불렀어요.

돌쇠는 머슴살이를 하면서도 무럭무럭 자랐어요.

그러던 어느 날이었어요. 주인 영감이 돌쇠를 불러 심부름을 시켰어요.

"돌쇠야, 장에 가서 소 열 마리만 사오너라."

그러자 돌쇠는 시원스레 대답을 하지 못하고 우물쭈물했어요.

"어, 어르신, 알겠어요. 그런데 열 마리가 얼마만큼이지요?"

주인 영감은 답답한 듯이 말했어요.

"이놈, 아직 숫자도 못 센단 말이냐? 왼손 오른손 손가락 수를 다 더한 것만큼 사오란 말이야."

"아, 알았습니다!"

돌쇠는 돈을 받아 들고는 부리나케 소를 팔고 사는 우시장으로 갔어요. 우시장에는 온갖 소들이 팔려 가기만을 기다리고 있었어요. 돌쇠는 그중에서 소를 많이 끌고 나온 사람에게 가서 소를 사겠다고 했어요. 소 주인이 말했어요.

"그래, 몇 마리나 사겠느냐?"

돌쇠는 갑자기 아무 생각도 나지 않았어요. 돌쇠가 한참 동안 우물거리자 소 주인이 화를 버럭 내면서 말했어요.

"원, 싱거운 놈 다 보겠네. 아니, 소를 사러 왔다면서 몇

마리를 사야 하는지도 모르느냐?"

그 순간, 돌쇠는 퍼뜩 생각이 났어요. 그래서 자기 두 손을 활짝 펴고는 말했어요.

"맞아요. 손가락 수만큼, 제 손가락 수만큼 사오랬어요."

소주인은 돌쇠의 손가락을 유심히 살펴보면서 말했어요.

"어허, 그러고 보니 넌 육손이로구나. 그러면 모두 열한 마리를 사오라는 거렷다!"

그러고는 소 열한 마리의 고삐를 풀어 돌쇠의 손에 쥐어 주었어요.

주인 영감은 돌쇠가 끌고 온 소가 모두 열한 마리나 되는 것을 보고 깜짝 놀랐어요.

"네 이놈, 열 마리를 사오라 했더니 열한 마리를 사왔구나. 넌 네 손가락이 몇 개인지도 모르느냐?"

돌쇠는 영문을 모른 채 자기 양 손을 펼쳐 들고는 주인 영감 앞에 내밀었어요. 그러자 주인 영감이 자기 머리를 탁 쳤어요.

"그래. 내가 잘못했다! 더 사온 한 마리는 네가 가져라."

뜻밖의 말을 들은 돌쇠는 싱글벙글 좋아하며, 자기 몫으로 준 소 고삐를 움켜쥐고는 냅다 집으로 달려 갔답니다.

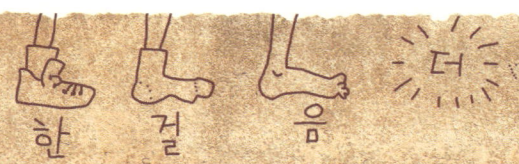

열 손가락이 알려준 십진법

예로부터 대부분의 민족은 십진법을 썼어요. 그건 사람들의 손가락이 열 개이기 때문이지요. 손가락에 물건을 하나씩 대응시키면 10까지 쉽게 셀 수 있잖아요. 10까지 세고 나면 일단 한 묶음으로 두고, 새로 1부터 다시 세는 거예요. 그런데 다른 나라의 십진법은 놔두고 유독 인도·아라비아식 십진법만 오늘날까지 쓰인답니다. 왜 그럴까요?

이유는 간단해요. 다른 십진법은 자리가 올라갈 때마다 새 숫자를 만들었지만 인도·아라비아식 십진법은 새 숫자를 만들지 않고, 숫자가 쓰인 위치로 단위를 표시했기 때문이지요. 매번 새 숫자를 만들 고민을 덜었으니 얼마나 간편해요.

고대 그리스 십진법 숫자

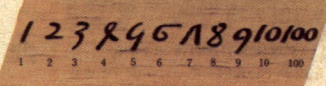

아라비아 십진법 숫자

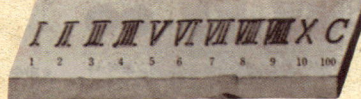

로마 십진법 숫자

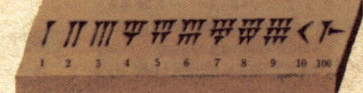

바빌로니아 십진법 숫자

이집트 십진법 숫자

여러 나라의 십진법 숫자 나타내기

Ⅹ Ⅰ (로마숫자) ➡ Ⅰ Ⅰ 로 쓰지 않음

十 一 (중국 숫자) ➡ 一 一 로 쓰지 않음

11 (인도·아라비아 숫자) ➡ 십 단위 숫자를 새로 만들지 않고, 자리로 십 단위를 나타냄

우리만의 십진법을 알려줄까?

옛날부터 아프리카 부족들도 10진법을 썼답니다. 그중 어느 부족은 끈으로 수를 센다고 해요. 끈의 색에 따라 백의 자리, 십의 자리, 일의 자리를 구분하고, 그 끈에 있는 조개껍데기의 수로 그 자리 수를 결정하지요. 원시적인 방법이지만 색깔로 셈하는 지혜가 재미있지요?

오래전에 아메리카 대륙을 차지했던 마야인들의 십진법도 매우 독특해요. 마야인들은 점과 선을 이용해서 십진법을 표현했어요. 오른쪽의 마야인 십진법 표를 보면 어떻게 점과 선으로 숫자를 표시했는지 알 수 있지요?

마야인들이 사용한 십진법

컴퓨터에서는 이진법을 써요

많은 정보를 처리하는 컴퓨터는 이진법을 써요. 이진법은 0과 1 두 숫자로 모든 수를 나타내요.

십진법으로 수를 나타내려면, 1, 2, 3, 4, 5, 6, 7, 8, 9, 0이라는 10개의 숫자가 필요하지만 이진법에서는 1, 0 두 숫자만 있으면 충분하답니다. 십진법의 수 1, 2, 3, 4, 5 등은 이진법을 쓰면 1, 10, 11, 100, 110 등으로 표현하지요. 우리는 보통 일상생활에서 십진법을 쓰지만 컴퓨터는 이진법을 씁니다.

왜 컴퓨터는 이진법을 사용하는 걸까요? 그것은 컴퓨터를 전기적인 방법으로 다루기 때문이에요. 전류가 통하고 있는 상태와 전류가 흐르지 않는 상태를 수로 나타내면 되거든요. 즉, 전류가 흐를 때를 1로, 전류가 흐르지 않을 때를 0으로 표현한답니다.

이렇게 하면 전류로 모든 수를 나타낼 수 있겠지요? 이렇게 간단한 표현으로 모든 수를 표현하고, 그것으로 정보를 처리하기 때문에 컴퓨터는 아주 빠르게 정보를 처리할 수 있답니다. 물론, 큰 수는 자릿수가 아주 길어지겠지만 이진법은 논리의 조립이 무엇보다 간단하기 때문에 컴퓨터 정보 처리에 아주 유용하게 쓰인답니다.

애니악

최초의 컴퓨터인 애니악이에요. 그때나 지금이나 컴퓨터는 0과 1로 움직여요.

7. 배수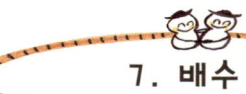

내 재산 돌려줘!

한 시골 마을에 큰 부자가 살았어요. 대궐 같은 집에 사는 부자는 아주 많은 쌀과 곡식을 거두면서도 동네 사람들한테는 엄청난 구두쇠였어요. 동네 사람들은 구두쇠 부자네 일을 해 주고 받는 품삯으로 겨우겨우 살아갔답니다.

그러던 어느 날, 구두쇠는 일꾼들을 감시하러 논으로 나갔어요. 구두쇠는 높은 곳에 올라서서 모내기를 하는 일꾼들을 내려다보았어요.

부지런히 일을 하는 일꾼들을 보고는 기분이 매우 좋아졌어요.

그런데 그 가운데 다른 사람보다 빠르게 일을 잘 하고 있는 사람이 보였어요.

'음, 저 사람을 우리 집 일꾼으로 삼으면 재산을 더 불릴 수 있겠는걸.'

구두쇠는 당장 부지런한 일꾼을 불러 왔어요.

"자네. 우리 집에서 먹고 자면서 일하는 건 어떻겠나? 품삯은 섭섭하지 않게 쳐 줄 테니."

그러자 일꾼은 이렇게 말했어요.

"좋습니다. 어르신. 그렇지만 어르신께 한 가지 제안을 하겠습니다."
"그래? 무슨 제안인데? 얼른 말해 보게."
"저는 어르신을 위해서 열심히 일하겠습니다. 품삯으로는 아침과 저녁 식사 두 끼니하고, 첫날은 쌀 한 톨, 이튿날은 쌀 두 톨, 사흘날을 그 배인 네 톨. 이렇게 날마다 어제 받은 쌀의 두 배씩만 주십시오. 그리고 제가 그만두겠다고 할 때까지 계속 일하게 해 주시고요."
구두쇠는 일꾼의 제안을 듣고는 크게 웃었어요.
"허허허, 난 또 뭐라고. 자네 나중에 후회하지나 말게."

일꾼은 구두쇠에게 약속 사항을 직접 적어 달라고 했어요. 구두쇠는 일꾼이 해 달라는 대로 해 주었어요.

첫날, 일꾼은 열심히 일하고 쌀 한 톨을 아주 소중하게 받았어요. 이튿날은 쌀 두 톨, 사흘날은 네 톨, 나흘날은 여덟 톨……. 1년이 지나가 구두쇠는 쌀 한 되를 일꾼에게 주었어요. 쌀 한 되를 받은 다음 날, 구두쇠는 일꾼에게 쌀 두 되를 주었어요. 그리고 단 열흘 만에 쌀 한 가마를 주게 되었지요. 구두쇠는 좀 이상한 생각이 들었지만, 일꾼이 일해 주는 것에 비하면 그것쯤은 조금도 아깝지 않았어요.

몇 년이 흘렀어요. 일꾼은 여전히 열심히 일했고, 아주 많은 쌀을 구두쇠한테 받고 있었어요. 구두쇠는 일꾼에게 쌀을 주려고 논도 팔고 밭도 팔아야 했어요. 구두쇠의 재산은 이제 겨우 집 한 채밖에 남지 않게 되었어요. 견디다 못한 구두쇠가 일꾼에게 말했어요.

"자네, 이제 좀 제발 나가 주게. 난 이제 자네한테 줄 게 아무것도 없어. 그나마 이 집까지 자네한테 주고 나면, 난 거지로 나앉게 된단 말일세."

그렇지만 약속 사항을 쓴 종이를 원님한테까지 보여 준 이상 약속을 어길 수는 없었어요. 어느 날, 구두쇠는 대궐 같은 집에서 쫓겨나며 울부짖었어요.

"아이고, 이럴 수가! 그 쌀 한 톨이 내 재산을 다 빼앗아 가 버렸어. 내 재산 돌려줘!"

그렇지만 한번 나가 버린 재산은 다시 구두쇠한테 돌아오지 않았답니다.

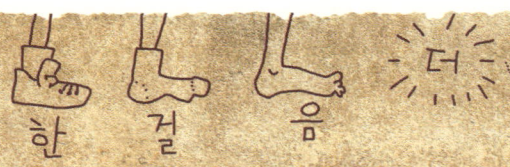

배수는 어떤 수의 몇 배가 되는 수예요

어떤 수를 자신과 똑같은 수와 한 번 더하면 그 수의 2배가 되어요. 3번 더하면 3배가 되지요. 이렇게 어떤 정수의 몇 배가 되는 수를 배수라고 해요. 그런데 배수와 반대되는 수가 있어요. 바로 약수예요. 약수는 어떤 수를 나머지 없이 나눌 수 있는 수를 원래의 수에 대하여 이르는 말이에요. 예를 들어 6은 3과 2로 나눌 수 있어요. 그러니까 6의 약수는 3과 2가 되는 것이지요.

배수와 약수의 관계는 마치 조상과 자손의 관계와 같아요. 왜 그런지 볼까요?

예를 들어, 12라는 숫자를 보세요. 12는 어떤 수를 곱해야 12가 될까요? 네, 1×12, 2×6, 3×4를 하면 12가 되지요. 이때 1, 12, 2, 6, 3, 4를 약수, 12를 배수라고 불러요. 조상인 12가 (1, 12), (2, 6), (3, 4)의 자손을 낳은 셈이니 배수는 조상, 약수는 자손이라고 할 만하지요?

하세의 도식으로 약수·배수 관계 한눈에 알기

수학자 하세는 약수와 배수의 관계를 한눈에 알 수 있는 그림을 만들었어요. 아래 그림은 1부터 12까지 수의 약수·배수 관계를 그린 것이에요.

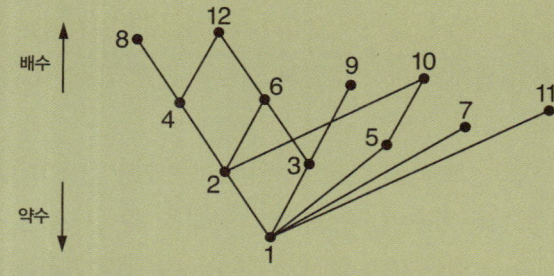

하세(1898~1979년)

이 그림이 별거 아닌 것 같지만, 그림을 따라가다 보면 숫자들 사이의 약수·배수 관계가 훤히 들여다보인답니다.

직선을 따라가 보세요. 숫자들 간의 관계도 우리 친척 관계처럼 가깝거나 멀고, 복잡하거나 간단한 경우가 있다는 것을 알게 될 거예요.

하세가 숫자들 사이의 약수와 배수를 한눈에 알 수 있는 표를 만들었어요.

왜 '구구법'이라고 할까요?

2×1=2, 2×2=4 하고 외우는 구구단은 옛날에 귀족 사회에서만 쓸 수 있었어요. 구구법이라고도 하는 구구단은 셈을 하는 데에 아주 편리하고, 참 지혜로운 방법이었어요. 그런데 이 구구법이 어찌나 편리한지, 이걸 보물처럼 귀중하게 여겼답니다. 그래서 귀족들은 구구법을 서민들이 절대 모르게 하려고 했어요. 생각 끝에 구구단을 일부러 어렵게 하려고 '구구 팔십일'부터 외우기로 했답니다.

그래서 옛 사람들은 구구단을 외울 때 제일 먼저 '구구 팔십일'부터 암송을 했지요. 구구법이라는 이름은 이렇게 해서 붙여졌답니다.

	1	2	3	4	5	6	7	8	9
1	1	2	3	4	5	6	7	8	9
2		4	6	8	10	12	14	16	18
3			9	12	15	18	21	24	27
4				16	20	24	28	32	36
5					25	30	35	40	45
6						36	42	48	54
7							49	56	63
8								64	72
9									81

우리가 사용하는 곱셈 구구표는 그리스 시대부터 있었어요. 보통 '피타고라스의 표'라고 불렀지요.

8. 수학 기호

세금을 낸다는 것은?

    옛날 옛날에 조그만 나라에 세금을 거두는 아저씨가 살았어요. 아저씨는 백성들이 재산을 얼마나 가지고 있는지, 무슨 일을 해서 얼마나 돈을 벌었는지를 따져서 그에 맞는 세금을 거두었지요. 아저씨가 하는 일은 아주 중요한 일이었어요. 세금을 정확히 계산해서 잘 받아내야 나라 살림을 할 수가 있기 때문이거든요.

    그렇지만 아저씨는 열심히 일을 하면 할수록 사람들의 미움을 받아야 했어요. 사람들은 세금을 내는 것을 당연하게 여기면서도 자기 주머니에서 돈이 나간다는 것에 대해서는 못마땅하게 여겼거든요. 그러다가 아저씨가 세금 계산을 조금이라도 잘못해서 돈을 더 낸 사실을 알게 되면 아저씨는 그날 엄청나게 시달려야 했어요.

    "이봐요! 세금을 거두려면 똑바로 거두어야 할 거 아냐? 돈이 어디서 그냥 굴러 들어오는 줄 알아?"

    "임금님께 세금 징수원을 바꿔 달라고 합시다!"

    그러면 아저씨는 사람들한테 두 손을 싹싹 빌어야 했어요. 물론 더 거둔 만큼 돈을 돌려주는 것도 잊지 않아야 했지요.

    그러던 어느 해 가을이었어요. 추수가 다 끝나자 아저씨는 세금을

거두려고 사람들이 돈을 얼마나 벌었는지 조사했어요. 그리고 가을이 지나 겨울이 끝날 때까지 거두어야 할 세금을 계산했어요. 아저씨는 그렇게 몇 달 동안 숫자와 씨름을 했어요. 크고 작은 단위의 숫자들을 더하고 빼고 곱하고 나누다 보면 머리가 지끈거리고 팔다리가 쑤셨어요.

세금을 걷어야 할 때가 다가오자 아저씨는 마음이 더욱 초조해졌어요. 왠지 이번에는 아저씨의 계산이 잘 맞아떨어지지 않았거든요.

늦게 집으로 돌아온 아저씨는 좀처럼 잠을 이룰 수가 없었어요.

아저씨는 한참을 뒤척이다가 겨우 잠이 들었어요. 아저씨는 온통 숫자들로 뒤덮인 쓰레기장을 헤매고 있었어요. 뒤죽박죽 뒤엉킨 숫자더미에 갇힌 채 아저씨는 그만 그 자리에 주저앉고 말았어요.

그때였어요. 아저씨는 숫자들 속에서 황금빛으로 번쩍이는 이상한 기호들을 발견했어요. 아저씨는 숫자들을 헤치고 번쩍이는 기호들을 하나씩 집어 들었어요. 그런데 아주 이상한 일이 벌어졌어요. 아저씨가 +기호를 집어 들자 북쪽에 있던 숫자들이 그 뒤에 가서 줄을 서는 거였어요. 그리고 −기호를 집어 들자 남쪽에 있던 숫자들이 그 뒤에 가서 줄을 서고요. ×기호를 집어 들자 동쪽에 있는 숫자가, ÷기호를 집어 들자 서쪽에 있던 숫자 더미들이 각각 뒤에 가서 줄을 서지 뭐예요.

아저씨는 마지막으로 =기호를 집어 들었어요. 그러자 숫자들이 한바탕 뒤죽박죽 헝클어지더니 이내 단 하나의 숫자만 남고 모두 사라지는 거였어요. 아저씨는 자리에서 벌떡 일어나며 소리쳤어요.

"그래, 바로 그거야!"

아저씨는 곧장 자신의 사무실로 가서 +, −, ×, ÷, = 기호를 자신이 계산하고 있던 숫자들 사이에 끼워 넣었어요. 그랬더니 마구 뒤엉키기만 했던 계산이 술술 풀리는 것 아니겠어요.

그리고 한 번 계산을 해서 답을 얻으면 그것이 덧셈인지 뺄셈인지도 쉽게 알 수 있었고요.

이제 아저씨의 세금 계산은 틀리는 법이 없었어요.

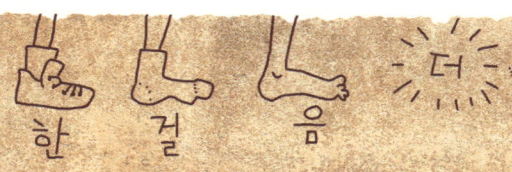

더하기, 빼기, 곱하기, 나누기 기호와 등호는 누가 만들었을까요?

더하기(+)와 빼기(−)는 1489년 독일의 위드만이라는 사람이 처음 책에 썼어요. 이때는 지나치다(+)와 부족하다(−)는 뜻으로 사용했는데, 점점 덧셈·뺄셈 기호로 널리 쓰이기 시작했지요.

곱하기(×)는 1631년 영국인 오트레드가 《수학의 열쇠》라는 책에 처음 썼지요. 그리고 나누기(÷)는 1659년 란이 대수학 책에서 선을 보였어요. 본디 ÷ (나누기) 기호는 비를 나타내던 ':'에서 비롯하여 만들었다고 해요. 같음을 나타내는 =(등호)는 1557년 영국의 로버트 레코드라는 사람이 처음으로 사용했어요.

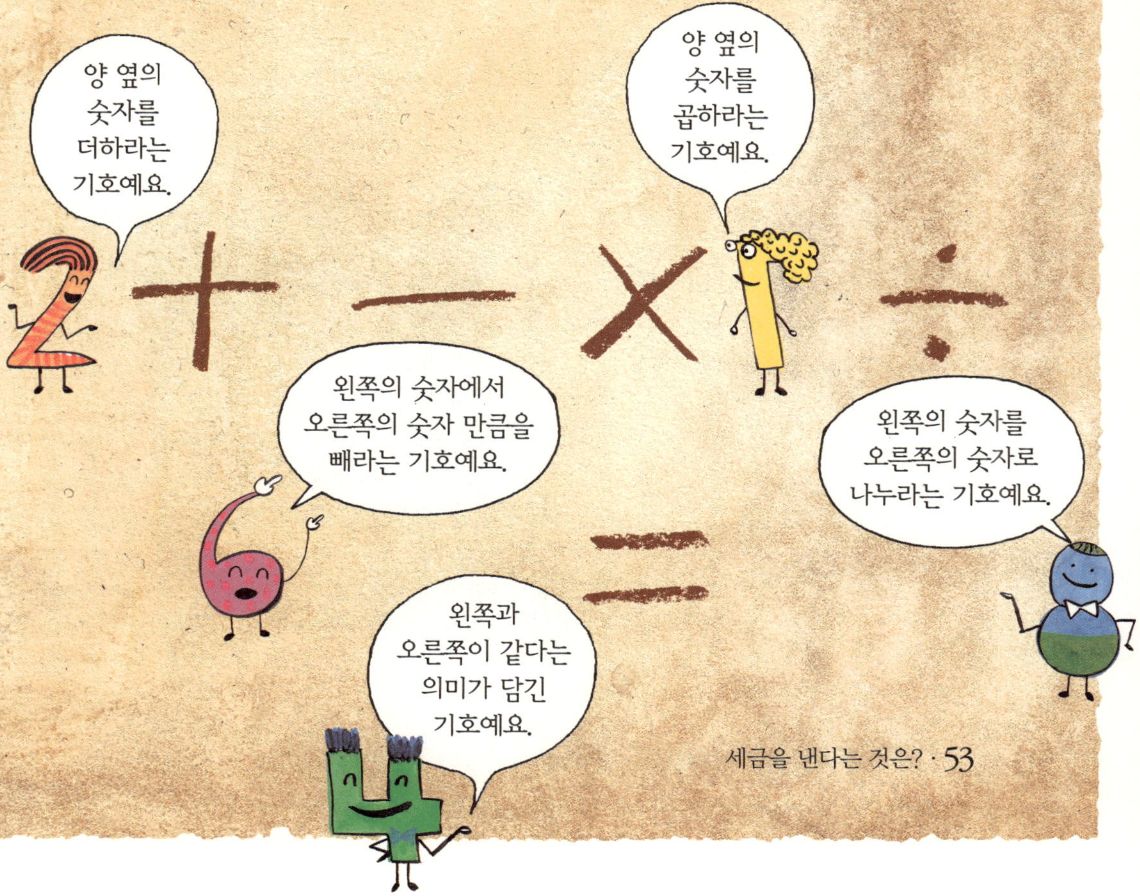

양 옆의 숫자를 더하라는 기호예요.

양 옆의 숫자를 곱하라는 기호예요.

왼쪽의 숫자에서 오른쪽의 숫자 만큼을 빼라는 기호예요.

왼쪽의 숫자를 오른쪽의 숫자로 나누라는 기호예요.

왼쪽과 오른쪽이 같다는 의미가 담긴 기호예요.

세금을 낸다는 것은? · 53

초등학생이 가장 궁금해 하는 수학상식 8

기호는 계산을 편리하게 하는 도구예요

수학이 기호투성이라 딱딱하고 재미없나요? 그렇게 생각한다면 오해예요. 기호는 말보다 간편할 뿐이지 뜻은 말과 똑같으니까요. 아래의 교통 표지판처럼 '여기는 길을 건너는 곳입니다.'라고 말할 것을 그림으로 표시한 것과 같아요. 수학 기호는 글로 쓰면 길어질 표현을 간단하게 만든 편리한 도구지요.

> 이곳에서 길을 건너라는 표시예요.

미지수를 X로 많이 쓰는 이유는?

방정식을 보면 '알 수 없다.'는 뜻의 미지수를 대부분 X로 표시해요. 그 이유는 무엇일까요? 미지수 X를 처음 사용한 수학자는 프랑스 사람인 데카르트예요.

프랑스 어에는 X자가 많이 쓰였어요. 그래서 당시 인쇄소에는 'X' 활자가 많이 남아돌았지요. 이렇게 남는 활자 X를 미지수 자리에 넣으면서 미지수를 뜻하는 활자로 사용하게 되었답니다.

데카르트
(1595~1650년)

대수학의 발달은 대표 문자의 덕

수학에는 여러 분야가 있는데, 그중 개개의 숫자 대신에 숫자를 대표하는 일반적인 문자를 사용하여 수의 관계, 성질, 계산 법칙 따위를 연구하는 학문을 대수학이라고 해요. 이 대수학이 발전한 데는 수를 대표하는 문자의 발명이 큰 몫을 했어요.

16세기 전까지만 해도 대수학은 거의 다 말로 썼기 때문에 아주 귀찮았지요. 그러던 중 프랑스 사람 비에트가 문자를 써서 대수학을 아주 간단하게 만들었답니다.

간편한 비에트의 대수학을 널리 퍼뜨린 사람은 토머스 해리엇과 데카르트예요. 데카르트는 이미 알고 있는 양을 나타낼 때 알파벳의 앞쪽 문자 a, b, c, d……를, 모르는 양을 나타낼 때는 알파벳의 뒤쪽 문자 x, y, z를 써서 문제를 풀었어요.

말로 풀던 문제를 문자식으로 만들면 뜻이 명확해져요. 문자식을 사용한 이후로는 한 문제 안에 미지수가 몇 개씩 나오는 고차 방정식도 거뜬하게 풀 수 있게 되었지요.

비에트
(1540~1603년)

토머스 해리엇
(1560~1621년)

문자를 써서 대수학을 아주 간단하게 만들었어요.

9. 0보다 작은 숫자 음수

마이너스 부자 이야기

 옛날 인도에 이상한 부자가 살았어요. 그냥 부자도 아니고, 이상한 부자는 또 뭐냐고요?
 잠깐! 이 이상한 부자가 정말 부자인지부터 한번 따져 볼까요? 그 부자는 무슨 일을 하든지 늘 손해만 봤어요. 장사를 해도, 농사를 지어도, 사업을 해도 번번이 실패만 거듭했지요. 그런데 무슨 부자냐고요? 그렇지만 부자는 사람들 앞에서 늘 이렇게 말했어요.
 "내가 손해 좀 봤다고 거지가 된 줄 아나? 흥!

여러분이 잘못 알고 있는데, 난 부자라고. 누가 뭐라고 해도 난 인도에서 가장 잘 나가는 부자란 말이야."

사람들은 그 말을 들을 때마다 비웃으면서도 돌아서면 머리를 갸웃거려야 했어요. 늘 손해만 보기 때문에 모든 재산이 거덜 나야 하는데, 눈앞에 보이는 건 그렇지 않거든요. 이상한 부자는 스스로 부자라고 말하는 것답게 집도 으리으리하고, 타고 다닐 말과 하인들까지 거느리고 있었어요.

그러던 어느 날이에요. 동네에 말발굽 소리가 요란하게 나더니 관리들이 이상한 부자네 집으로 들이닥쳤어요. 이상한 건 동네 사람들 앞에서는 떵떵거리던 부자가 관리들 앞에서는 넙죽 엎드린 채 벌벌 떠는 거였어요.

"아이고, 나으리! 이번 한 번만 봐 주십시오. 제가 며칠 안에 다 갚겠습니다."

한참 동안 관리와 부자는 끌고 가겠다느니 조금만 더 기다려 달라느니 하면서 옥신각신했어요. 부자가 워낙 강하게 버티자 관리 가운데 한 사람이 말했어요.

"좋소, 그러면 올 가을까지 기다리겠소. 가을까지 갚지 않으면 재산을 다 몰수하고, 당신은 감옥살이를 해야 할 거요."

그러자 부자는 땅바닥에 넙죽 엎드리며 말했어요.

"아이고, 고맙습니다. 가을까지는 꼭 갚겠습니다."

관리들이 돌아가자 부자는 땅바닥에서 일어나며 옷에 묻은 흙을 툭툭 털었어요. 그러고는 아무 일 없었다는 듯이 주위에 둘러선 사람들을 바라보는 거였어요.

"왜들 그러오? 무슨 일 있었소?"

그러자 동네 사람들은 어이없다는 듯이 부자를 바라보았어요. 누군가 이렇게 말했어요.

"무슨 일은 우리한테 있는 게 아니라 당신한테 있는 거 아니오? 보아 하니 큰 빚을 지고 있는 모양 같은데?"

"하하하, 거 괜한 소리들 하지 마시오. 빚을 졌을망정 내가 당신들보다 훨씬 잘사니까. 당신들이야말로 뭘 잘 모르는 것 같은데, 빚도 재산이다 이거야. 당신들 마이너스 부자라고 들어 봤소? 내가 바로 마이너스 부자란 말이오."

부자가 호기 있게 말하자 동네 사람들은 모두 머리를 갸웃거렸답니다.

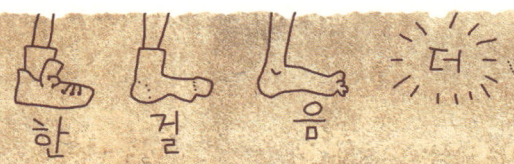

동양에서 먼저 쓴 음수

0보다 큰 수를 양수라고 부르고, 0보다 작은 수를 음수라고 불러요. 음수는 앞에 -(마이너스)를 붙여서 양수와 구별하지요. -1, -2, -5같이 말이에요.

'음수가 있구나.'라고 생각해서 쓴 사람들은 서양이 아닌 동양인이 먼저였어요. 인도 사람들은 예로부터 재산은 양수로, 빚은 음수로 나타냈어요. 또, 나아가면 양수, 물러나면 음수로 표현했는데 서로 반대가 되는 성질을 양수와 음수로 표시한 것이지요.

옛날 중국 사람들은 막대기로 수를 셈했는데 검은 막대기는 양수, 빨간 막대기는 음수로 썼어요. 이 때문에 오늘날 우리도 사업에서 손해를 볼 때, '적자(赤子)'라는 말을 쓰게 되었답니다.

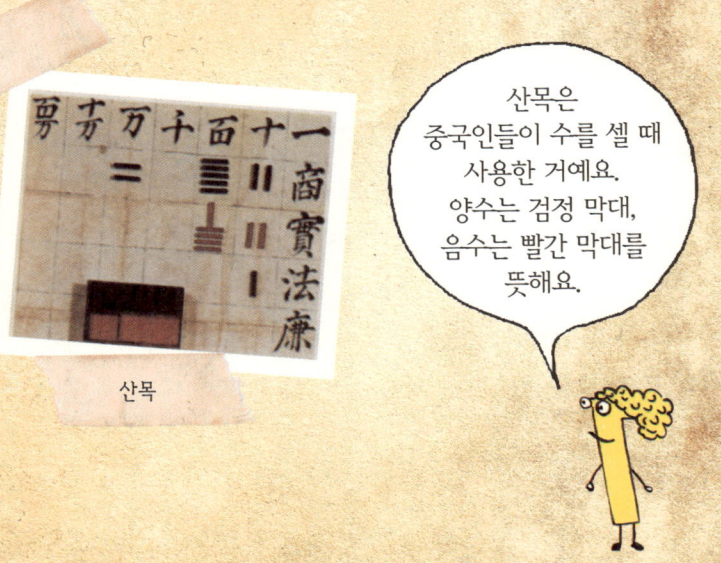

산목

산목은 중국인들이 수를 셀 때 사용한 거예요. 양수는 검정 막대, 음수는 빨간 막대를 뜻해요.

데카르트가 알린 음수

유럽인이 음수를 이해하기 시작한 때는 16세기쯤이에요. 합리주의 철학자로 이름을 떨친 데카르트(1596~1650년)가 직선 위에 음수를 표시하면서부터이지요.

수직선 중간에 기준점 0을 표시하고 오른쪽을 양수, 왼쪽을 음수로 표시해서 그림으로 음수를 쉽게 이해하도록 도왔어요. 이 때문에 양수에 있는 '크다', '작다'라는 뜻이 음수에도 있다는 것을 알았답니다. 또 음수가 0보다 작은 수라는 것도 알았고요.

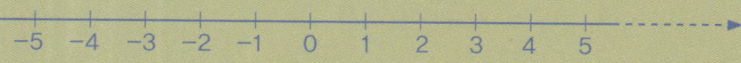

좌표
데카르트가 처음 선분으로 음수를 설명했어요.

음수 곱하기 음수는 왜 양수일까요?

음수에 음수를 곱하면 더 큰 음수가 되지 않고 왜 양수가 될까요? 양수(자연수)에 양수(자연수)를 곱하면 더 큰 양수가 되는데 말이에요. 엄밀히 말하면 음수와 음수를 곱하면 양수가 되는 것이 아니라, 양수가 된다고 약속을 한 거예요. 그렇게 약속한 데는 다 이유가 있답니다.

$(-3) \times 3$ 은 -3을 세 번 더한다는 뜻이잖아요. 그러니까 $(-3)+(-3)+(-3) = -9$예요.

그럼, $(-3) \times 2 = (-3) + (-3) = -6$ 이 되겠고,

(−3) × 1 = −3
(−3) × 0 = 0 이 되지요.
그러므로,
(−3) × 3 = −9
(−3) × 2 = −6
(−3) × 1 = −3
(−3) × 0 = 0
이라는 값을 얻을 수 있어요.
그렇다면 우리가 정말 궁금한 다음 값은 무엇이 될까요?
(−3) × (−1) = ?
(−3) × (−2) = ?
(−3) × (−3) = ?

그런데 곱하다 보니, (−3)×3, (−3)×2, (−3)×1, (−3)×0같이 3, 2, 1, 0 곱하는 수가 하나씩 줄 때마다, 값은 −9, −6, −3, 0처럼 세 개씩 늘어나는 규칙을 알 수 있네요?
따라서 위의 답이 세 개씩 늘 듯이, 다음 값도 세 개씩 느는 게 맞겠지요.
(−3) × 3 = −9
(−3) × 2 = −6
(−3) × 1 = −3
(−3) × 0 = 0
(−3) × (−1) = +3
(−3) × (−2) = +6
(−3) × (−3) = +9
그러고 보니, 음수 곱하기 음수가 양수가 된다는 약속은 타당한 약속이었군요. 그렇죠?

10. 짝수와 홀수

둘로 나눠지는지 볼까?

0부터 9까지 숫자 열 형제가 소풍을 갔어요.

큰 나무들이 우거진 숲 속에 다다른 숫자들은 두 패로 나뉘어 놀이를 하기로 했어요.

"얘들아, 편 가르기 하자. 우린 모두 열 개니까 다섯씩 둘로 나누면 되겠네?"

"그럼 어떻게 두 편으로 가를까?"

그러자 숫자들이 9 주위에 몰려들었어요.

"나는 9랑 같은 편 할 거야. 9는 우리 중에 가장 큰 숫자니까."

"그럼 나도!"

모두 9의 편이 되겠다고 하는 바람에 편을 가를 수가 없었어요. 숫자들은 어떻게 해야 서로 아무런 불만 없이 두 편으로 가를 수 있을지 잘 생각이 나지 않았

어요.

그때 2가 나서서 말했어요.

"이렇게 하자, 우리를 2로 나누어서 아무것도 남지 않으면 짝수, 1이 남으면 홀수 팀으로 하는 거야."

숫자들은 아주 좋은 생각이라면 손뼉을 쳤어요.

가장 먼저 1이 2앞에 섰어요. 그렇지만 1은 2로 나누어지지 않았어요. 그래서 1은 홀수가 되었어요. 다음 2는 자기 자신을 나누어 보았어요. 딱 나누어지고 아무것도 남지 않았어요. 2는 짝수였어요.

3이 2 앞에 섰어요. 3을 2로 나누니까 1이 남았어요. 3은 홀수가 되었어요.

4가 2앞에 섰어요. 4를 2로 나누니까 딱 맞아떨어졌어요. 아무것도 남지 않았으니까 짝수가 되기로 했어요.

5가 2앞에 섰어요. 5는 2로 나누니까 1이 남았어요. 1이 남았으니

둘로 나눠지는지 볼까?

까 홀수가 되어야겠지요? 6은 2로 나누니까 딱 맞아떨어졌어요. 그래서 짝수가 되었어요. 7은 2로 나누니까 1이 남아서 홀수, 8은 2로 나누어서 떨어지니까 짝수, 9는 2로 나누니까 1이 남았어요. 그러니까 홀수가 되겠지요?

이렇게 해서 짝수와 홀수가 모두 가려졌어요. 그런데 두 편으로 갈라선 숫자들은 모두 어리둥절했어요. 홀수 편은 다섯, 짝수 편은 넷이었거든요.

"0은 도무지 안 되겠는걸. 아무리 나누어 봐도 그냥 0이 나올 뿐이야."

2는 0을 붙들고 이리 나누어 보고 저리 나누어 보았지만, 아무리 나누어도 0만 나올 뿐이었지요. 그러니까 홀수도 아니고 짝수도 아닌 거였어요.

그때 1이 말했어요.

"0을 이번만 짝수로 시켜 주지 뭐. 0을 우리 뒤에 서게 해 봐. 그러면 누구 뒤에 서든 2로 나누어서 떨어지잖아."

숫자들은 모두 돌아가면서 0 앞에 서 보았어요. 그리고 2로 나누게 해 보니까 한결같이 맞아떨어지는 거였어요.

"그래그래. 0은 혼자일 때는 홀수도 짝수도 아니지만, 우리 뒤에 서니까 홀수도 짝수도 모두 짝수로 만들어 버리는걸."

"그럼, 1이 말한 대로 이번만 짝수 편에 끼워 주자."

그 덕분에 0은 짝수와 한 무리가 되어 놀이를 할 수 있게 되었답니다.

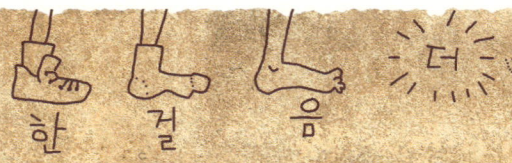

짝이 있어 짝수일까요?

짝수는 2로 나누어떨어지는 정수를 말해요. 즉, -6, -4, -2, 0, 2, 4, 6, 8……은 모두 짝수랍니다. 보통 사람들은 양의 정수(자연수) 2, 4, 6, 8……만을 짝수라고 알고 있지요. 하지만 음수와 0도 짝수랍니다.

왜냐고요? 수학자들이 짝수를 이렇게 정의했거든요. 'n을 임의의 정수라고 할 때, 2n의 꼴로 표시되는 수를 짝수라 한다.'라고 말이에요. 이때 2n은 2×n을 뜻해요. 2에다가 어떤 정수를 곱해도 짝수가 된다는 말이지요. 흔히 짝이 있어 짝수라고 알고 있는 것과 조금 다르지요? 우리가 막연히 아는 '우리식' 정의로는 0이 짝이 있는 건지 없는 건지, 그래서 짝수인지 홀수인지 헷갈려요.

하지만 이렇게 수학자들의 정의에 따라 해 보면, 0은 바로 짝수랍니다.

초등학생이 가장 궁금해하는 수학상식 10

짝수와 홀수에게는 재미있는 성질이 있어요

짝수와 홀수를 더하고 빼고, 곱하고 나누어 보세요. 그러다 보면 짝수와 홀수의 독특한 성질을 알 수 있답니다. 언제나 짝수+짝수=짝수, 짝수+홀수=홀수, 홀수+홀수=짝수가 되는 것이에요. 그리고 짝수×짝수=짝수, 짝수×홀수=짝수, 홀수×홀수=홀수가 나오고요.

또, 홀수의 합 또는 차는 모두 짝수가 되고, 곱 및 몫은 모두 홀수가 되지요. 알고 보니, 숫자도 숨만 안 쉴 뿐이지 사람처럼 저마다 독특한 성질이 있지요?

2로 나누면 홀수는 언제나 1이 남아!

양의 정수에서 2로 나누어떨어지지 않는 수를 홀수라고 해요. 짝수와는 달리 홀수는 자연수(양의 정수)에서만 따지기로 했어요. 즉, 1, 3, 5, 7, 9……는 홀수랍니다.

'n을 음이 아닌 정수'라 하고, 보통 2n+1로 나타나지요. 홀수를 2로 나누면 항상 1이 남아요.

이런 홀수의 성질을 이용해 생활 용품을 만들기도 해요. 바로 텔레비전이에요. TV 브라운관의 전자총 TV 화면은 전자총을 짝수 줄과 홀수 줄로 한 번씩 번갈아 발사해 만들거든요. 짝수와 홀수는 전기 기계 등에도 이렇게 활용되지요.

수의 성질을 밝히는 정수론과 페르마의 정리

짝수와 홀수의 성질처럼 수에는 독특한 성질이 있어요. 이런 수의 성질을 연구하는 학문이 정수론이에요. 수론이라고도 하지요.

피타고라스 학파도 수론에 흥미가 많았고, 또 유클리드와 3세기의 디오판토스도 수의 성질을 많이 알아냈지요.

17세기에 페르마는 정수의 새로운 성질을 발견하였는데, 자기 책 귀퉁이에 '나는 실로 기묘한 증명을 하였으나 여백이 좁아 생략한다.'고 하여 마무리를 짓지 않았어요.

그 뒤 300년 간 많은 수학자가 페르마의 정리를 연구했어요. 심지어 1908년 독일의 월스켈은 '2007년까지 이 정리를 증명하는 사람에게 10만 마르크의 상금을 주라.'는 유언도 남겼답니다. 하지만 아직 증명은 명확하게 이뤄지지 않았어요. 그래도 이 연구로 새 이론이 꽤 나와 정수론은 크게 발전했어요. 어쨌든 페르마의 정리는 큰일을 한 셈이지요?

페르마(1601~1665년) 프랑스의 수학자

페르마는 법률학을 공부하고 변호사가 되었으나 틈틈이 수학을 연구했어요.

11. 무리수의 정체

긴 꼬리와 함께한 생일잔치

바람이 거세게 불고 비가 억수같이 내리는 날이었어요. 셈이는 입을 삐죽이 내밀고 창밖을 내다보고 있었어요.

'생일날 비가 올게 뭐람.'

아이들이 모이기로 한 12시가 가까워 왔어요. 친구들은 아직 한 명도 오지 않았어요.

할머니는 짚고 있던 지팡이로 탁 쳤어요. 그러자 큼지막한 3단 케이크가 펑 하고 상 위에 나타났어요. 할머니는 흥얼흥얼 노래를 부르며 케이크에 촛불을 붙이기 시작했어요.

댕댕댕댕……. 괘종시계가 12시를 알리는 종을 치네요. 셈이의 눈에 눈물이 글썽글썽 맺히기 시작했어요.

그때였어요.

우르릉 쾅쾅, 벼락 치는 소리가 나더니 문이 활짝 열렸어요.

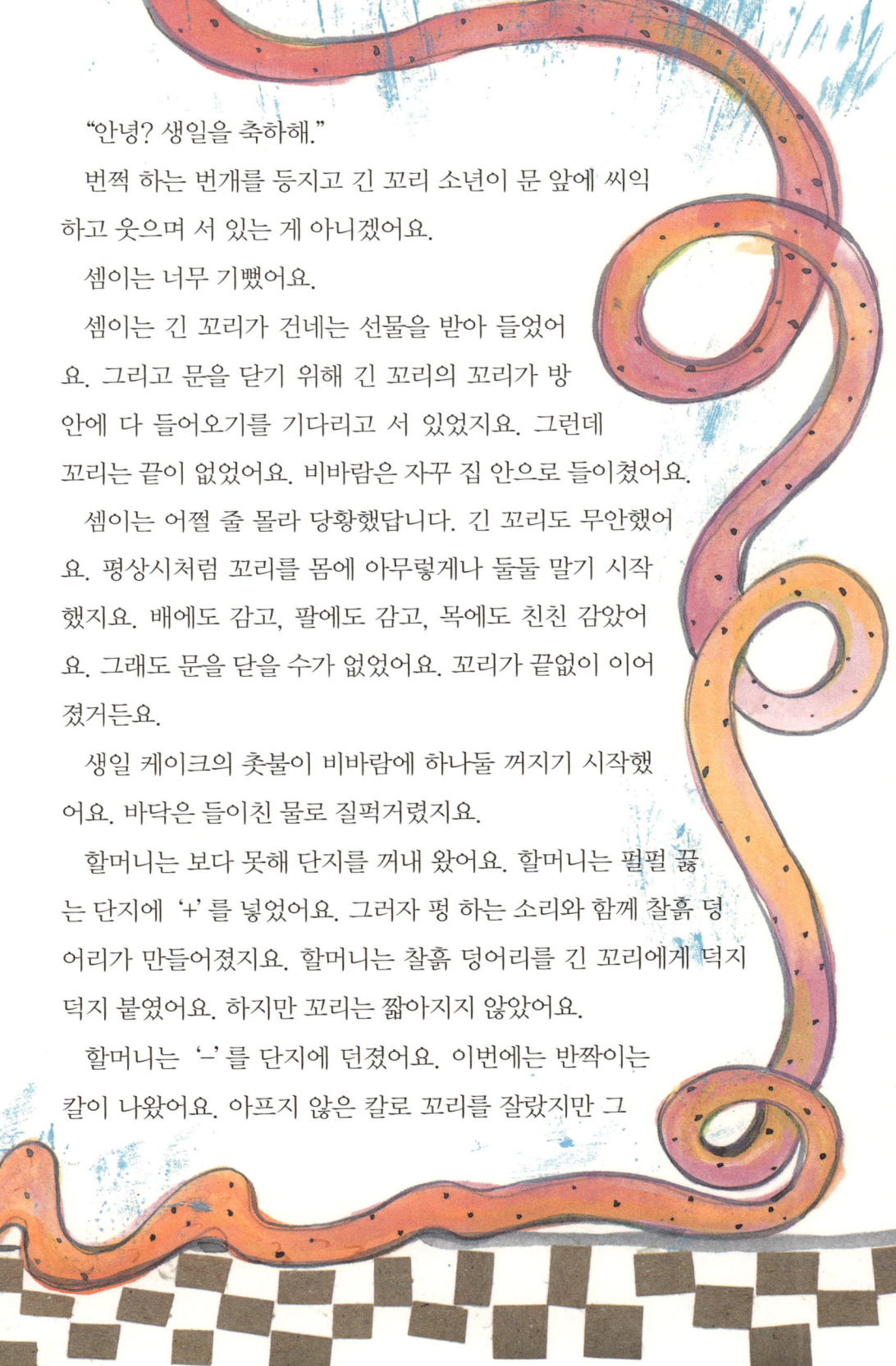

"안녕? 생일을 축하해."

번쩍 하는 번개를 등지고 긴 꼬리 소년이 문 앞에 씨익 하고 웃으며 서 있는 게 아니겠어요.

셈이는 너무 기뻤어요.

셈이는 긴 꼬리가 건네는 선물을 받아 들었어요. 그리고 문을 닫기 위해 긴 꼬리의 꼬리가 방 안에 다 들어오기를 기다리고 서 있었지요. 그런데 꼬리는 끝이 없었어요. 비바람은 자꾸 집 안으로 들이쳤어요.

셈이는 어쩔 줄 몰라 당황했답니다. 긴 꼬리도 무안했어요. 평상시처럼 꼬리를 몸에 아무렇게나 둘둘 말기 시작했지요. 배에도 감고, 팔에도 감고, 목에도 친친 감았어요. 그래도 문을 닫을 수가 없었어요. 꼬리가 끝없이 이어졌거든요.

생일 케이크의 촛불이 비바람에 하나둘 꺼지기 시작했어요. 바닥은 들이친 물로 질퍽거렸지요.

할머니는 보다 못해 단지를 꺼내 왔어요. 할머니는 펄펄 끓는 단지에 'ᅡ'를 넣었어요. 그러자 펑 하는 소리와 함께 찰흙 덩어리가 만들어졌지요. 할머니는 찰흙 덩어리를 긴 꼬리에게 덕지덕지 붙였어요. 하지만 꼬리는 짧아지지 않았어요.

할머니는 'ᅳ'를 단지에 던졌어요. 이번에는 반짝이는 칼이 나왔어요. 아프지 않은 칼로 꼬리를 잘랐지만 그래도 꼬리는 줄어들지 않았어요.

할머니가 '×'를 항아리에 던져 넣자 지글지글 타는 소리가 나더니, 철컹하고 쇠줄이 튀어나왔어요.

그것으로 긴 꼬리의 꼬리를 동여매 보았으나, 아무런 효과가 없었어요.

'÷'를 넣으시며 할머니는 '이번이 마지막이다.' 하고 혼자말로 중얼거렸어요.

보글거리며 끓는 솥에서 커다란 스테이플러가 나왔어요. 그걸로 셈이가 꼬리를 집었지만 이번에도 소용이 없었어요.

할머니와 셈이와 긴 꼬리는 고민에 빠졌어요. 서로의 이마에서 땀방울이 떨어졌지요. 똑, 똑, 똑! 바닥에 떨어진 땀방울을 보고 할머니는 소리쳤어요.

"그래, 바로 이거야. 이게 빠졌어. 수고의 땀방울!"

할머니는 +, −, ×, ÷를 몽땅 넣고, 세 사람의 이마에 흐른 땀방울을 한 방울씩 넣었어요. 펑! 소리가 나고, 마룻바닥에 '$\sqrt{}$' 모양의 모자가 떨어졌어요. 할머니는 살며시 모자를 긴 꼬리에게 씌었어요.

그러자 놀라운 일이 벌어졌어요. 꼬리가 사라져 버린 거예요.

"얘들아, 이 모자의 이름을 루트라고 부르자구나."

"네!"

셈이와 긴 꼬리는 큰 소리로 대답했어요. 이름이야 뭐든 상관없었거든요.

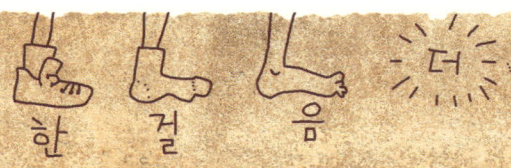

무리수를 알고 있나요?

여기 이상한 이름을 가진 수가 있어요. 사람들이 '그건 무리야.'라고 말할 때, '무리'는 이치에 안 맞다, 이상하다, 지나치다는 뜻이잖아요. 글쎄, 수의 세계에도 이런 뜻의 '무리수'라는 게 있답니다. 무리수는 그 이름만큼이나 세상에 알려지기까지 고난을 겪었어요.

수의 세계에서 무리수라는 존재를 처음 알게 된 것은 바로 피타고라스 학파예요. 피타고라스 학파는 처음 루트2($\sqrt{2}$)라는 무리수를 발견했는데, 처음에는 이 수를 인정하지 않았어요. 자연수만을 인정하는 피타고라스 학파에게 무리수의 존재는 인정할 수 없었던 것이지요.

그런데 학파 안의 히파수스라는 사람이 결국 이 비밀을 누설했고, 피타고라스 학파에서는 히파수스를 물에 빠뜨려 죽여 버렸지요. 하지만 $\sqrt{2}$의 존재는 이미 세상 사람들이 알게 된 후였답니다.

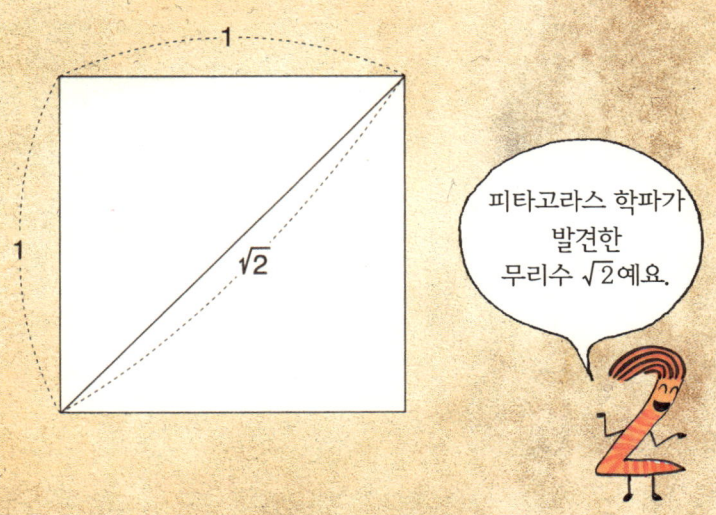

무리수야, 정체를 밝혀라!

무리수는 어디에 있을까요? 멀리서 찾을 필요 없어요. 무리수는 일직선 위에 수없이 많이 있으니까요. 선분 위에 정수 0과 1이 있다면 0과 1 사이에는 1/2, 2/5, 1/10 같은 유리수가 있지요. 이런 유리수들 사이에는 바로 무리수가 셀 수 없이 꽉 들어차 있답니다.

한동안 사람들은 $\sqrt{2}$만을 무리수로 알고 있다가 테오도로스(기원전 425년경)가 $\sqrt{3}$, $\sqrt{5}$, $\sqrt{6}$, $\sqrt{7}$, $\sqrt{8}$, $\sqrt{10}$, $\sqrt{11}$, $\sqrt{12}$ 등도 무리수라는 것을 밝혔지요.

무리수의 정확한 값은 아무도 몰라요. 왜냐하면 무리수는 끝없이 숫자가 이어질 뿐만 아니라 특정한 규칙도 없기 때문이지요. $\sqrt{2}=1.414213562\cdots$처럼 말이에요.

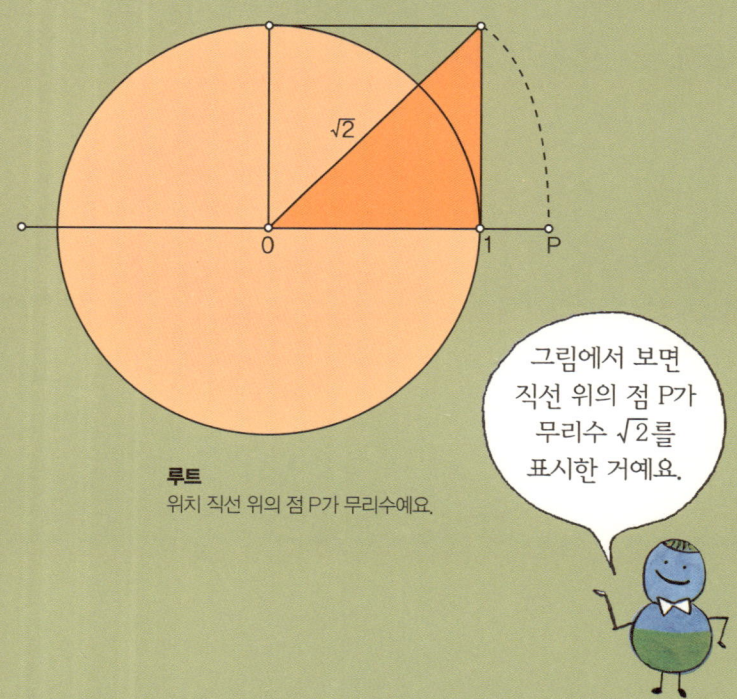

루트
위치 직선 위의 점 P가 무리수예요.

그림에서 보면 직선 위의 점 P가 무리수 $\sqrt{2}$를 표시한 거예요.

무리수는 모양도 가지가지

무리수는 √(루트)로 나타내는 것 말고도, 여러 모양이 있어요. π(파이)와 e도 무리수를 나타내는 표시랍니다. 그중 세상에서 가장 유명한 무리수인 π는 원주율 3.1415926……을 말해요. 또, 오일러의 수라 불리는 e는 스위스 수학자 오일러(1707~1783)가 2.71828…… 값을 자기 이름의 첫 글자를 따서 e라고 붙인 것이에요.

π = 3.14159265358979323846264338279502884197……

> 끝없이 이어지는 π의 값을 표시한 거예요.

끝없이 이어지는 √2의 값

메소포타미아 사람들은 이미 4000년 전에 √2의 근사값을 구했어요. 피타고라스 학파가 알아낸 때보다 1200년이나 더 이른 때였지요.

'직각 삼각형에서 빗변의 제곱은 나머지 두 변의 제곱의 합과 같다.'는 정리를 이미 알고 있었던 것이지요. 이 지식으로 메소포타미아 사람들은 정사각형의 대각선의 길이를 아주 정밀하게 계산했답니다.

메소포타미아인들이 진흙판에 새겨 놓은 문자

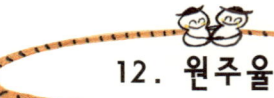

12. 원주율

동그라미 몸매의 비밀

옛날 어느 곳에 동그라미만 사는 마을이 있었어요.

동그라미 아이들은 동그란 집에서 동그란 엄마와 동그란 아빠와 함께 살았어요. 동그란 음식을 먹고 동그란 굴렁쇠를 굴리며 놀고 동그란 이불을 덮고 잠이 들었지요.

그런데 마을의 꼬마 동미에게는 한 가지 걱정이 있었어요.

'난 완전한 동그라미가 아닌 것 같아. 약간 찌그러진 것 같아.'

그러던 어느 날이었어요. 동그라미네 옆집에 돌돌 말린 줄자가 이사를 왔답니다.

처음 이사 오던 날 줄자네 가족들이 둘둘 굴러 오기에 사람들은 줄자도 동그라미라고 생각했어요. 하지만 다음 날 동네 사람들에게 인사를 건넬 때 줄자는 돌돌 말린 줄을 풀더니 길쭉한 네모로 변하는 게 아니겠어요?

동그라미들은 너무나 놀랐어요.

"괴물이다! 동그라미가 아니었어."

"놀라지 마세요. 우리는 여러분들의 키와 몸 둘레를 재기 위해 왔을 뿐이에요."

줄자네 식구들은 당황해서 어쩔 줄 몰랐어요.

그때 동미가 우물쭈물하며 줄자들 앞에 나섰어요.

"제 키와 원 둘레를 재 주실 수 있나요? 아무래도 전 정상이 아닌 것 같아요."

"흠, 어디 보자꾸나."

아빠 줄자가 나서서 동미의 동그라미 지름과 둘레를 재었어요.

"원둘레의 길이가 지름의 약 3.14배로구나. 정상이야."

동미는 함박웃음을 머금었어요.

동미의 웃음이 채 가시기도 전에 이 광경을 지켜보던 동그라미들은 소란을 떨었어요.

"우리 꼬마 동그라미에게 무슨 짓을 한 거냐?"

"지름은 뭐고, 원둘레는 또 뭐야?"

동그라미들이 소리쳤어요.

"도, 동그라미라면 누구나 지름의 약 3.14배가 원둘레의 길이가 되……."

아빠 줄자의 말이 채 끝나기도 전에 동그라미들이 소리쳤어요.

"말도 안 돼."

그러자 줄자네 식구들이 동그라미들을 하나하나 붙잡고 키와 둘레를 재기 시작했답니다.

아니나 다를까, 작은 동그라미든 큰 동그라미든 지름의 약 3.14배가 원둘레의 길이가 되는 게 아니겠어요?

동그라미들은 어리둥절했어요. 그때 누군가 소리쳤어요.

"이건 줄자들의 저주야. 나쁜 녀석들. 저 녀석들을 구덩이에 가두자."

줄자네 식구는 깊은 구덩이에 갇혔답니다. 줄자네 식구들은 동그라미 마을에 들어온 걸 후회했어요.

그때 부스럭 소리가 나더니, 사다리가 구덩이로 내려왔어요. 동미였어요. 줄자네 식구들은 사다리를 타고 올라와 동미에게 말했어요.

"고맙다. 이 마을 동그라미들은 자신의 신체에 대해 너무 몰라. 마음을 열고 스스로를 보라고 하렴."

줄자들은 동미와 작별인사를 하고 부리나케 도망쳐 나왔답니다.

세상에서 가장 아름다운 도형, 원

옛날 그리스 학자들은 원을 세상에서 가장 조화로운 도형으로 믿었어요. 왜냐하면 원이나 구는 어디서 보아도 모양이 똑같거든요.

아리스토텔레스도 "원과 구는 신성하다. 그래서 신은 태양, 달, 별 그리고 우주조차도 구 모양으로 만들고 원을 그리며 돌도록 만들었다."고 했어요.

우주에 떠 있는 천체들을 살펴보아요. 대부분 원 모양이지요.

태양

지구

천왕성

우주에 있는 천체들은 대부분 동그란 원 모양이에요.

원의 둘레 길이는 지름의 약 3배예요

원의 둘레 길이가 지름의 약 3배가 된다는 사실은 아주 오래전부터 알고 있었어요. 기원전 약 1000년경에 엮은 중국의 《주비산경》이라는 책을 보면 '지름이 1일 때, 원의 둘레는 3'이라고 씌어 있어요. 또 고대 바빌로니아나 이집트에서는 이 비율이 3보다 크다는 것을 알고 있었지요. 바빌로니아의 점토판에 원주율(원둘레를 지름으로 나눈 것)이 3.125로 기록되어 있어요. 이집트인은 3.16049……로 계산했고, 구약성서에는 원주율을 3으로 썼어요. 또, 고대 인도에서는 3.1416으로 사용했어요. 현대 수학에서 계산한 것과 큰 차이가 없지요?

원의 지름 재기   원의 둘레 재기

정확한 원주율은 얼마일까요?

기원전 3세기에 그리스 과학자 아르키메데스는 원주율을 정밀하게 계산하

아르키메데스
기원전 287~기원전 212(?)년

는 데 성공했어요. 원주율이 3.1407과 3.1429사이에 있다는 사실을 밝혀낸 것이지요. 아르키메데스보다 더 정확한 원주율을 계산한 사람은 5세기 중국의 수학자 조충지예요. 조충지는 원주율값을 3.1415929……로 계산했는데, 이 값은 소수점 아래 6자리까지 정확했어요.

근래 들어서는 여러 공식을 이용해 1429년에 소수점 이하 16자리, 1610년에 소수점 이하 35자리, 1719년에는 소수점 이하 112자리, 1853년 소수점 이하 400자리, 1947년 소수점 이하 710자리까지 계산했어요. 그 뒤 컴퓨터로 1949년에 70시간이 걸려 2천37자리까지 계산했답니다.

원주율 암기대회?

수학자들은 파이 값(π, 원주율)을 수백 년에 걸쳐 계산했고 또 그 값을 기억했어요. π값을 잊지 않기 위해 동원한 방법도 다양했지요.

예를 들어 다음 문장의 각 단어의 철자 수는 π의 자릿수랍니다!

How I want a drink, alcoholic of course, after the heavy lectures
   3 1 4   1   5   9   2   6   5   3   5   8
involving quantum mechanics!(3.141592653589799)
     9   7   9

(양자 역학을 포함한 어려운 강의를 받고 난 지금,
어찌나 한 잔을, 물론 술 한 잔을 들고 싶은지!)

요즘은 가장 많은 자릿수까지 π값을 기억하는 대회가 있어요. 현재 기록 보유자는 일본의 도모요리지요. 도모요리는 π값을 4만 자리까지 암송했답니다. 암송하는 데 걸린 시간만 17시간이었다고 하니 참 대단하지요?

13. 피타고라스의 정리

절대로 무너지지 않는 성벽

그리스의 어느 시골 마을 얘기랍니다.

작은 시냇물을 사이에 두고 피타라는 마을과 고라스라는 마을이 있었어요.

그런데 두 마을 사람들은 개와 고양이처럼 늘 싸웠답니다. 물을 길러 시냇가에 나왔다가도 건넛마을 사람들만 마주치면 코피가 터지게 싸워야 끝이 났지요.

두 마을 사람들은 제각기 돌을 높다랗게 쌓아 올려 성벽을 만들었어요.

피타 마을 사람들은 밤을 틈타 고라스 마을로 건너갔어요. 그러고는 고라스 성벽을 빙빙 돌며 성벽이 무너지길 바라는 노래를 불렀지요.

"고라스 성벽아, 무너져라. 약하디 약한 고라스 성벽은 후 입김만 불어도 넘어가지요."

사람들은 노래를 부르며 성벽에 대고 입김을 불었어요.

노래의 힘이었을까요?

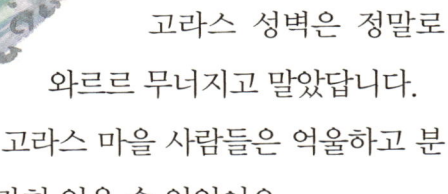

고라스 성벽은 정말로 와르르 무너지고 말았답니다.

고라스 마을 사람들은 억울하고 분해서 가만히 있을 수 없었어요.

"흥, 너희들의 성벽이라고 튼튼할 줄 알아? 어디 맛 좀 봐라."

고라스 마을 사람들도 피타 성벽을 돌며 쩌렁쩌렁한 목소리로 노래를 불렀어요.

"피타 성벽은 삐뚤빼뚤. 손가락으로 톡 건드리기만 해도 넘어간대요."

그리고 성벽을 검지로 톡톡 건드렸답니다.

이건 또 웬일일까요? 단단하다고 생각했던 피타 성벽도 맥없이 무너졌지 뭐예요.

이런 일이 있은 뒤로 두 마을 사람들은 무너지지 않는 견고한 성벽

절대로 무너지지 않는 성벽 · 81

을 만들어야겠다고 생각했어요.

며칠이 지나자 두 마을 사람들은 뚝딱뚝딱 성벽을 짓기 시작했어요. 땅과 성벽이 직각이 되어야 튼튼할 수 있다는 걸 알았거든요.

드디어 냇물을 사이에 두고 근사한 성벽 두 채가 모습을 드러냈어요.

성벽이 완성되던 날 밤, 엄청나게 비가 많이 내렸어요.

피타 마을 사람들은 건넛마을의 성벽이 다 만들어졌다는 소식을 듣고 그냥 있을 수 없었어요. 빗속에 온 마을 사람들이 모였어요.

"성벽을 무너뜨리러 가자!"

고라스 마을 사람들도 건넛마을 성벽이 전부 지어졌다는 얘기를 들었지요. 모두 모여 성벽을 무너뜨리러 가기로 했어요.

그런데 냇가에 이르자 물이 엄청나게 불어 있었어요.

그러나 건넛마을의 성벽을 무너뜨리려는 욕심에 피타 마을 사람들과 고라스 마을 사람들은 시냇물로 뛰어들었어요.

"으악, 사람 살려!"

사람들은 무섭게 소용돌이치는 물살에 쓸려 사라져 버렸어요.

다음 날 아침, 간밤에 무슨 일이 있었냐는 듯 눈부신 햇살이 마을을 비췄어요.

마을에는 집도 가축도 사람도 아무것도 보이지 않았어요. 다만 두 개의 성벽만이 튼튼하게 서 있었지요.

평온한 땅 위에 홀연히 한 노인이 나타나 성벽을 보며 말했어요.

"피타고라스를 정리했더니 튼튼한 직각의 성벽만이 남았네그려."

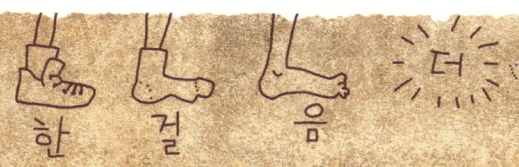

피타고라스 정리란 무엇일까요?

    피타고라스가 정리한 것을 피타고라스의 정리라고 해요. 그 내용은 '직각삼각형의 직각을 포함하는 두 변 위의 정사각형의 넓이의 합은 빗변 위의 정사각형의 넓이와 같다.'예요. 무슨 말인지 모르겠다고요?

    아래 그림을 보세요. 직각삼각형의 길이 3, 4, 5가 보이지요? 사람들은 $3^2+4^2=5^2$이라는 공식이 맞는지 틀리는지에는 관심이 없었어요. 공식을 써먹기에만 바빴죠. 피타고라스는 이 등식이 맞다는 것을 증명했어요. 사각형 가로와 세로를 곱하면 넓이가 나오잖아요? 사각형만 놓고 봐도 $3^2+4^2=5^2$은 맞는 식이 되지요. 그러니 이 식은 맞는 게 증명되었어요.

    조그만 사각형의 개수를 세어 보세요. 작은 사각형 두 개 합친 조각의 수와 큰 사각형에 든 조각의 수가 25개로 똑같다는 걸 알 수 있어요.

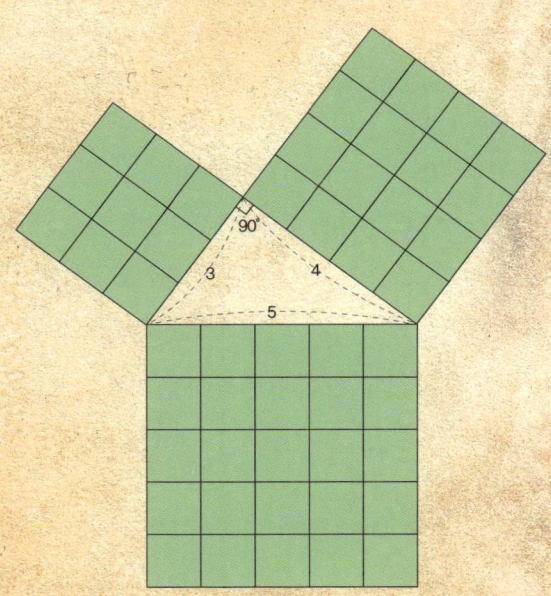

절대로 무너지지 않는 성벽 · 83

어떻게 해야 직각을 구할 수 있을까요?

직각을 구하는 방법은 간단해요. 빗변^2+밑변^{2}이라는 식에 맞추면 직각을 구할 수 있어요.

$5^2=3^2+4^2$이 되어요. 25 = 9 + 16이고, 25 = 25가 되어 이 식에 딱 맞잖아요? 그럼, 각각의 선의 길이가 3, 4, 5로 그린 삼각형은 보나마나 직각삼각형이 되지요.

피타고라스가 한 일은 '증명'을 한 것뿐!

'피타고라스의 정리'는 사실, 피타고라스가 만든 것이 아니에요.

고대 이집트에서나 중국의 '구고현의 정리'에 보면 사람들은 이 원리를 이미 알아서 쓰고 있었거든요.

옛사람들은 길이를 3, 4, 5의 비율로 맞추면 직각을 구할 수 있다는 걸 경험으로 알았지요. 하지만 이들은 실생활에 원리를 사용하기만 했을 뿐, 왜 그렇게 되는지는 몰랐어요.

피타고라스가 증명을 통하여 그 이유를 밝힌 것이지요. 그래서 피타고라스의 이름이 빛나는 거예요.

희랍어로 쓴 피타고라스의 정리

피타고라스는 사원의 보도블록을 보고 이 정리의 힌트를 얻었다고 해요.

왜 피타고라스의 정리가 필요할까요?

지구의 중심에는 외부의 것을 끌어당기는 중력이 있어요. 그래서 큰 건물을 세우려면 기둥을 반드시 땅과 직각으로 지어야 무너지지 않아요. 즉, 피타고라스의 정리가 적용되는 것이지요.

그러니 문명이 발달한 곳은 어디나 피타고라스의 정리를 알고 있었답니다. 피타고라스의 정리는 직각을 찾아내는 방법을 정리해 놓은 것이거든요.

절대로 무너지지 않는 성벽 · 85

14. 황금 비율

가장 아름답게 보이는 비율은?

날품팔이꾼이 마을로 들어오고 있네요. 바짝 마른 몸집에 꾀죄죄한 행색, 가늘게 뜬 눈은 심상찮았어요.

마을 광장에 자리 잡은 날품팔이꾼은 등에 진 커다란 궤짝을 내려 놓았어요. 모두들 그 속에 무엇이 들었는지 궁금했어요.

날품팔이꾼은 굉장한 보물이라도 든 것처럼 재며 궤짝 문을 들어 올렸지요. 하지만 그 속은 텅 비어 있었어요.

날품팔이꾼은 몰려든 사람들에게 말했어요.

"자, 이 속을 보세요. 이 속에는 1대 1.618의 비율을 재는 장치가 마련되어 있습니다. 무엇이든 이 속에 넣기만 하면 세상에서 가장 아름다운 모양인지 아닌지 알 수 있답니다."

"아름다움을 재는 상자라고?"

사람들은 머리를 갸웃거리며 수군댔어요.

"세상은 참으로 아름답습니다. 이 솔방울을 보세요."

날품팔이꾼은 이렇게 말하며 솔방울을 상자에 던졌어요.

그러자 상자 속에 떨어졌던 솔방울이 하늘로 붕 떠오르는 게 아니겠어요?

"이게 바로 솔방울의 배열이 황금 비율이라는 증거입니다."

그 사람은 코스모스와 해바라기와 백합, 데이지도 상자 속에 던졌어요. 그러자 꽃들은 저마다 공중으로 떠올랐지요.

"와, 꽃들도 모두 황금 비율로 만들어져서 아름답구나."

사람들은 고개를 끄덕였어요.

날품팔이꾼은 이번에는 높은 허공으로 양팔을 휘휘 흔들어 은하수를 상자에 몰아넣었어요. 은빛 은하수도 상자 속에서 잠시 반짝이더니 다시 떠올랐어요.

사람들은 황금 비율의 아름다움에 듬뿍 빠졌답니다.

"이 세상에서 가장 아름다운 것은 모두 황금 비율로 되어 있어. 황금 비율 만만세!"

이때 어떤 사람이 아리따운 아가씨를 상자 앞으로 떠밀었어요.

아니나 다를까, 아가씨도 상자 속에 들어가자 공중으로 둥실 떠올랐어요. 이제 동네 사람들은 저마다 자기도 아름다운 사람인지 아닌지 알고 싶어졌어요. 상자 안에 들어가려는 사람들로 동네 밖까지 기다란 줄이 생겼지요.

황금 비율에 맞는 사람은 모두 하늘에 둥둥 떠서 자기의 아름다움을 뽐냈어요. 공중에 오르지 못한 사람들은 약이 올라 얼굴이 붉으락푸르락해서 집으로 돌아갔어요.

길게 늘어선 줄이 다 끝나자 날품팔이꾼은 붕 떠 있는 사람들을 보고 음흉한 웃음을 지어 보였어요. 그러고 말했지요.

"모두들 황금 덩어리로 변해라, 얍!"

그 순간 좋아라 웃음 짓던 이들이 땅으로 우두둑 떨어져 내렸어요. 모두 묵직한 황금으로 변해 누런빛을 번쩍이면서 말이에요.

"너희의 아름다움을 영원히 간직해 두마, 헤헤"

날품팔이꾼은 황금을 상자에 집어넣었어요. 다음 날 날품팔이꾼은 마을 사람들을 다시 불러 모았어요.

"여러분들은 아름답지 않습니다. 하지만 영원한 아름다움을 간직한 황금으로 치장하세요! 그러면 아름다워질 수 있습니다."

못났다고 판정 받았던 사람들은 이 말에 저마다 큰돈을 들여 황금을 샀어요. 사람들은 황금을 녹여 만든 갖가지 장신구로 장식하며 매우 만족했어요. 날품팔이꾼은 상자에 돈을 가득 넣고 유유히 다음 마을로 사라졌답니다.

완벽한 아름다움, 황금 비율

황금 비율은 고대 그리스에서 처음 알게 되었어요. 피타고라스 학파의 사람들은 61.8퍼센트 안에 우주의 비밀이 있다고 믿었어요. 그래서 이 비율을 숫자라기보다 신성한 것으로 여겼어요. 그래서 황금 분할된 별을 피타고라스 학파의 상징으로 삼았지요.

사람들은 눈으로 보는 도형이나 입체에 황금 비율을 많이 이용했어요. 황금 비율로 만들면 아름답다고 생각했거든요. 그래서 예나 지금이나 건축, 조각, 회화, 공예 같은 여러 조형 예술 분야에서 통일된 원리로 널리 쓰이고 있답니다. 황금 비율을 숫자로 나타내면 1:1.618이나 1:0.618이지요.

피라미드
(기원전 4700년경)

황금 분할로 지어진 가장 오래된 건축물이에요.

가장 아름답게 보이는 비율은? · 89

사람의 인체도 황금 비율에 따른대요

우리의 몸에도 황금 비율이 들어 있어요. 레오나르도 다빈치도 이 사실을 알고 가장 이상적인 인체 비율을 그림으로 나타냈지요. 어른의 몸은 대개 이 비율로 나뉘어 있어요. 그래서 이 비율이 아름다운 몸의 보편적 기준이 되었어요.

그뿐만 아니라 인체의 각 부위들도 또 그 자체로 황금 분할을 이루고 있답니다. 손가락, 얼굴, 치아 등등 많은 부분이 황금비를 이루고 있어요.

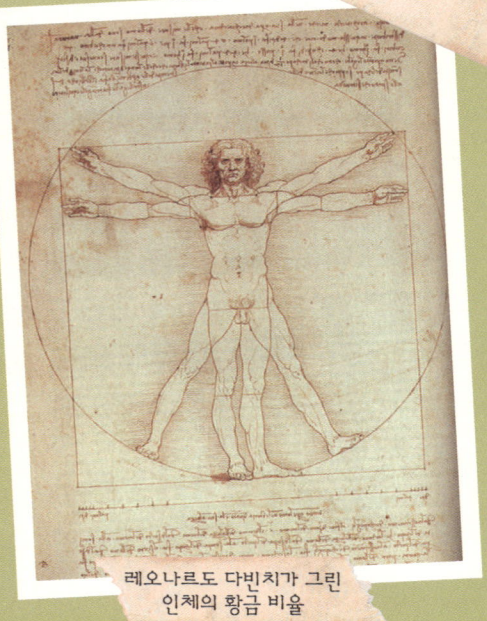
레오나르도 다빈치가 그린 인체의 황금 비율

자연 속에 들어 있는 아름다운 황금 비율, 피보나치수열

우리 주변의 자연 속에는 황금 비율이 수없이 많이 들어 있어요. 나뭇잎, 조개껍데기, 독수리 부리, 태풍, 은하수, 해바라기, 솔방울 같은 것에 이름다운 황금 비율이 자리 잡고 있지요.

자연 속에 들어 있는 황금 비율은 특별히 피보나치수열로 된 황금 비례를 가져요. 이를테면, 오른쪽이나 왼쪽으로 나선이 나타나는 비례라 할 수 있지요. 자연계의 많은 생물들은 이 구조를 따르는 것으로 밝혀졌어요.

그 이유는 이러한 황금 분할의 비가 자연계를 가장 안정된 상태로 만들기 때문이라고 해요.

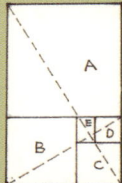  

앵무조개가 가진 황금비율을 나타낸 그림

황금비율의 아름다움을 나타낸 비너스 동상이에요.

피보나치 수열로 배열된 해바라기

솔방울의 나선구조

가장 아름답게 보이는 비율은? · 91

15. 삼각형 내각의 합은 180도

뭉치면 살고, 흩어지면 죽는다

모두가 깊이 잠든 고요한 밤, 마을에 느닷없이 큰 태풍이 불어닥쳤어요. 거센 바람은 나무를 뽑고 집을 들어 올렸어요.

삼각형네 삼 형제도 태풍에 감겨 어디론가 날아가고 있었어요. 날아가는 세 아들을 보며 삼각형 아버지는 소리를 질렀어요.

"얘들아, 부디 마음을 합해서 살아라."

어머니는 눈물을 흘리며 말했어요.

"흑흑, 여보. 늘 싸우기만 하는 우리 애들이 살아 돌아올 수 있을까요?"

태풍은 삼 형제를 높은 산봉우리에 떨어뜨렸어요. 첫째형 일각이가 엉덩방아를 찧으며 말했어요.

"어이쿠, 여기가 어디야? 너희 같은 멍청이와 이런 곳에 오다니 우린 다 죽었어."

둘째형 이각이가 나무에 대롱대롱 매달려 말했어요.

"누가 같이 간대? 나 혼자 집으로 갈 수 있어."

막내 삼각이는 악을 쓰며 울었어요.

"앙앙, 형들은 싫어. 엄마 아빠한테 데려다 줘."

옥신각신 싸우던 삼 형제는 집을 찾아 나서기로 했어요.

숲을 헤치며 한참을 가고 있었어요.

갑자기 앞서 가던 이각이가 "으아악!" 하고 소리를 질러 댔어요. 바로 앞에 천 길 만 길 낭떠러지가 나타났던 거예요. 삼 형제는 크게 낙심했어요. 낭떠러지 건너편 언덕으로 건너가야 집으로 갈 수 있었거든요.

형제들은 또 다투기 시작했어요. 그러다 삼 형제는 하늘을 올려다봤어요. 밤하늘은 태풍이 언제 지나갔냐는 듯 보름달이 방긋 웃으며 떠 있었지요.

보름달이 삼 형제에게 말했어요.

뭉치면 살고, 흩어지면 죽는다 · 93

"서로 마음을 합쳐 보렴. 세 각이 합쳐질 때, 너희는 180도가 된단다."

"지금 달이 우리에게 말하는 것 들었어?"

"그래, 우리가 합치면 180도가 된다고 했어."

"엄마랑 아빠가 우리에게 늘 했던 말이야. 엄마, 아빠가 보고 싶어."

쭈뼛거리던 삼 형제는 눈을 감고 서로서로 손을 잡았어요. 그리고 마음속으로 외쳤어요.

'우리는 하나야.'

그러자 놀라운 일이 벌어졌어요. 일각, 이각, 삼각이가 180도가 되더니 튼튼한 나무판자로 변했지 뭐예요.

"와, 드디어 길을 건너게 되었어."

삼 형제는 참 기뻤어요. 막내 삼각이가 기쁜 나머지 팔짝팔짝 뛰다가 그만 한 쪽 손을 놓치고 말았어요.

형들은 떨어지는 막내를 잡으려다가 서로 잡은 손마저 놓쳐 모두 깊고 깊은 낭떠러지로 떨어졌어요.

낭떠러지 아래에서 산산 조각이 난 삼 형제는 서로 꼭 끌어안았어요. 서로를 따뜻하게 품은 삼각 형제는 밤하늘의 반짝이는 별로 다시 태어났답니다.

도형 중 가장 기본적인 삼각형!

철학자 플라톤은 도형 중 가장 기본이 되는 것은 삼각형이라고 했어요. 직선으로 싸인 면은 모두 반드시 삼각형으로 쪼갤 수 있기 때문이지요. 또, 삼각형은 나머지 도형과는 다른 독특한 성질이 있어요.

첫째, 삼각형은 세 변의 길이를 정하면 모양을 움직일 수 없어요. 하지만 사각형이나 오각형은 변의 길이가 정해져도 모양을 여러 가지로 바꿀 수 있지요.

둘째, 삼각형은 뾰족하게 나온 각만 있어요. 하지만 사각형 이상의 도형은 오목한 각을 만들 수도 있지요.

우리는 모양이 조금씩 다르지만 모두 세 변이 있는 삼각형이에요.

삼각형의 내각의 합은 180도

삼각형에게는 독특한 특징이 있어요. 바로 삼각형 각각의 꼭지가 이루고 있는 내각들을 모두 합하면 180도가 되는 것이에요. 삼각형 안의 세 각을 합하면 몇 도가 되는지 어떻게 알 수 있을까요?

물론 각도기로 일일이 재 보면 알 거예요. 파스칼이라는 수학자는 초등학교에 들어가기 전에 삼각형 내각의 합이 180도임을 알았어요. 그림처럼 삼각형을 뜯어서 옆에 맞춰보면 간단히 알 수 있잖아요. 이런 걸 직관에 의한 증명이라고 하는데, 파스칼은 어릴 때부터 수학의 천재였음을 짐작할 수 있지요.

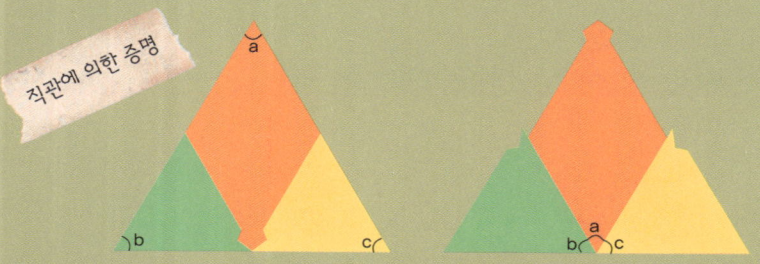

직관에 의한 증명

삼각형 외각의 합은 360도

그렇다면 반대로 삼각형의 각 꼭지의 외각을 모두 합치면 몇 도가 될까요? 바로 360도가 되어요. 어떻게 생긴 삼각형이든 말이에요. 삼각형 안쪽 각 옆으로 평행선을 더 그어 각각 세 외각을 만들어 보세요. 그 각을 합하면 오른쪽 위의 그림처럼 360도가 되는 걸 알 수 있을 거예요.

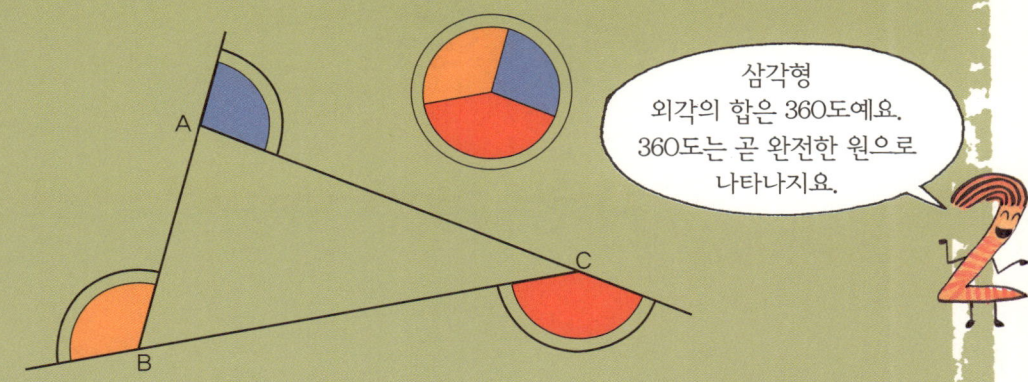

눈으로 봐도 아는 다각형 내각의 합

앞에서 삼각형 내각의 합이 180도라는 걸 알았어요. 그리고 다각형은 모두 삼각형으로 쪼갤 수 있다는 것도 배웠고요.

이 두 가지 사실을 알면 우리는 다각형에 손도 안 대고 내각의 합을 알 수 있지요. 벌써 눈치 챈 친구들도 있군요. 그래요. 아래 그림처럼 사각형에는 삼각형이 2개, 오각형은 3개, 육각형은 4개 들어 있잖아요. 그러니 간단하지요. 180(삼각형)×2, 180×3, 180×4를 하면 각 도형의 내각의 합이 나오는 거예요.

이게 바로 수학적 논리의 힘이랍니다. 여러분이 직접 재서 확인해 보세요.

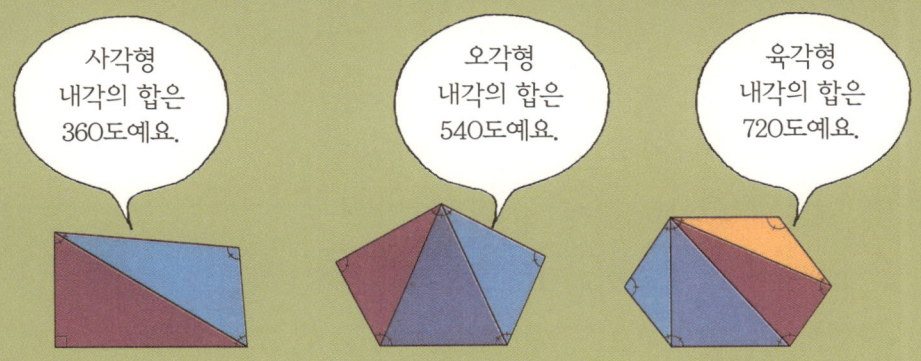

16. 방정식

왕자는 과연 누구?

"왕자님을 찾습니다!"

동물 왕국의 임금님이 10년 전에 아들을 잃어버렸대요.

그래서 오래전부터 신하들은 여러 곳을 차례로 돌아다니고 있었지요. 임금님은 나이가 이제 많이 들어 기력이 약해졌어요. 그럴수록 임금님은 더욱 왕자가 보고 싶었어요.

"엑스야, 우리 엑스가 그리워 잠을 이룰 수 없구나."

"죽기 전에 아들의 얼굴을 한 번이라도 봤으면……."

관리들은 늙은 임금님을 위해 한껏 목청을 돋웠어요.

"우리 왕자님은 첫째, 네 발로 걷고, 둘째, 온몸에 털이 있고, 셋째, 힘이 세답니다. 왕자님을 보신 분은 연락 주세요."

이 얘기를 듣던 호랑이가 온몸의 털이 쭈뼛 서는 것을 느꼈어요.

'이건 내 얘기 아닌가? 그래, 내가 왕자였구나!'

호랑이는 신하들 앞으로 달려 나갔어요.

"제가 바로 왕자입니다."

호랑이는 네 발로 이리저리 뛰며 알록달록한 털을 바람에 휙 날려 보였어요. 그뿐인가요? 구경하던 토끼를 큰 발로 툭 쳐서 기절을 시켰지 뭐예요.

　신하들은 호랑이를 보고 고개를 끄덕였어요.

　그때였어요.

　"잠깐!"

　여우가 뾰족한 입을 내밀고 몸을 살랑거리며 걸어오는 게 아니겠어요?

　"왕자는 바로 저예요."

　여우는 가벼운 발로 요리조리 뛰어 보이고, 은빛 털을 으스대며 햇빛에 반짝였답니다. 그리고 말했어요.

　"기운만 세면 다인가요? 진정한 힘은 지혜로움에 있지요. 내가 얼마나 지혜로우면 '여우 같다.'는 말이 다 있겠어요."

　여우 말을 듣던 신하들은 또 고개를 끄덕였어요.

신하들은 누가 진짜 엑스 왕자님인지 임금님께 여쭤 보기로 했어요. 임금님은 아들을 찾았다는 말에 기뻐 함박웃음을 띠고 밖으로 나왔어요. 그런데 호랑이와 여우는 그때까지도 서로 자기가 왕자라고 우기고 있었지요. 말로 싸우다가, 이제는 둘이 뒤엉켜 구르며 할퀴고 물어 댔어요.

임금님은 이 광경을 보고 웃음이 싹 가셨어요.

'옛날에 귀엽던 그 아이들이 이렇게 변하다니……'

임금님은 크게 상심했어요.

사실은 둘 다 임금님의 아들이었거든요. 임금님은 큰 결심을 한 듯 입을 굳게 다물었다 떼었어요.

"내 아들에게는 조건이 하나 더 있다. 싸움을 일삼는 자가 아니어야 한다는 것이다."

그 얘기를 듣자 엉겨 붙은 호랑이와 여우는 그대로 굳어 버리는 것 같았어요.

임금님은 다시 말했어요.

"내가 찾는 아들 엑스에 맞는 이가 없구나. 더 이상 왕자를 찾는 일은 불가능하다."

신하들은 왕자님께 씌울 X자 모양의 왕관을 들고, 멍하니 서 있었지요.

임금님은 그 자리를 떠났어요.

"엑스는 없다, 엑스는 없어……"

멀리서 임금님의 한탄하는 소리는 메아리가 되어 울려왔어요.

방정식이 뭐예요?

　방정이라는 말은 중국에서 가장 오래되었다는 2000년 전의 수학책인 《구장산술》에서 처음 사용되었어요.
　책 8장에서 수를 사각형으로 늘어놓고 더하고 빼서 알고자 하는 값을 구하지요. 사각형(方)에서 이루는 과정(程)이라 해서 방정(方程)이라고 해요. 여기에서 방정이라는 수학적 낱말이 유래되었지요.
　그럼 방정식은 무엇을 말할까요? 방정식은 어떤 문자가 특정한 값을 취할 때에만 성립하는 등식을 말하는데, 이때 알고 있는 몇 가지 조건을 가지고, 모르는 양(X)을 찾는 것을 방정식을 푼다고 해요. 이건 수학의 아주 기본적인 개념이지요.
　이런 기록으로 인류는 아주 오래 전부터 방정식을 풀어 본 것을 알 수 있지요.

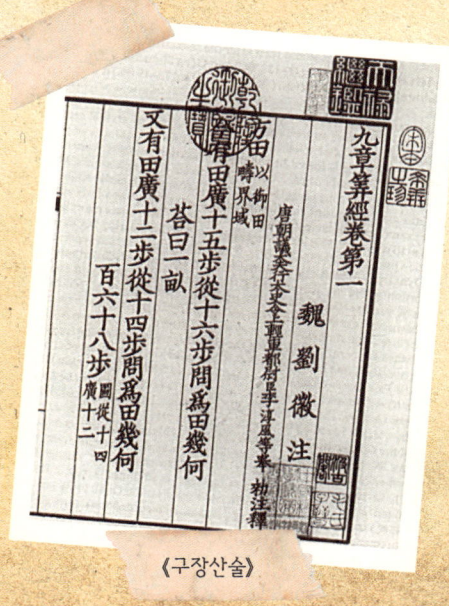

《구장산술》

구장산술을 지은 유휘

말로 풀던 방정식을 식으로 간단하게 풀어요

원래 방정식은 말로 풀었어요. 옛 문서에 보면 방정식이 모두 글로 쓰여 있지요. 방정식은 영어로 'equation'인데, 이것은 양변을 같게 한다는 뜻이 담겨 있어요.

방정식의 역사는 아주 길어요. 고대 이집트의 파피루스, 바빌로니아의 점토판에도 방정식을 푼 글이 있는 것으로 알 수 있지요.

그러던 것이 3세기 그리스 수학자 디오판토스가 기호를 쓰기 시작했어요. 알 수 없는 양을 나타내는 기호를 만들어 방정식을 좀 더 간단하게 한 거예요. 그러다 비에트가 오늘날과 같은 방정식을 완성했지요.

《손자산경》이라는 중국 책에도 연립방정식을 푸는 과정이 있어요. 고대부터 중국인은 방정식을 알고 있었지요.

디오판토스의 묘비에 새겨진 수수께끼를 풀어라

디오판토스는 수학자로 3세기 후반에 알렉산드리아에서 살았어요. 《정수론》이라는 책도 엮어 수학을 한층 발전시키는 역할을 했어요. 그래서 사람들은 디오판토스를 '대수학의 아버지'라고 부르지요. 그런데 그 사람의 묘비에는 알쏭달쏭한 수수께끼가 적혀 있답니다.

디오판토스가 살다간 나이를 방정식으로 써 놓았거든요. 제자들이 새긴 것이라고 하는데, 당시에는 꽤 어려운 방정식이었어요.

수수께끼를 읽고, 디오판토스가 몇 살까지 살았는지 알아맞혀 보세요.

〈 디오판토스의 묘비에 적힌 수수께끼 〉

"보라! 여기에 디오판토스의 일생의 기록이 있다. 신의 축복으로 태어난 그는 인생의 6분의 1을 소년으로 보냈다. 그리고 인생의 12분의 1이 지난 뒤에 얼굴에 수염이 자라기 시작했다. 다시 7분의 1이 지나서 아름다운 여인을 맞이하여 결혼하였다. 결혼한 지 5년 만에 귀한 아들을 얻었다. 아! 그러나 그의 가엾은 아들은 아버지의 반밖에 살지 못했다. 아들을 먼저 보내고 깊은 슬픔에 빠진 그는 그 뒤 4년 간 정수론에 몰입하여 자신을 달래다가 일생을 마쳤다."

디오판토스의 《정수론》 표지

디오판토스

정확한 연대는 알 수 없지만 디오판토스는 33세에 결혼해서 84세에 죽었다고 해요. 그가 죽기 4년 전에 그의 아들이 42세로 죽었다고 하지요.

왕자는 과연 누구? · 103

17. 확률

바위가 나를
사랑해 줄까, 아닐까?

조용한 바닷가에 나이 많은 소나무가 살았어요. 소나무는 늘 그 자리에 서서 만물을 그저 바라만 보았답니다. 어느 날, 바닷가 모래밭 구멍에서 무언가가 꼼지락거리며 올라왔어요. 구멍에서 나온 것은 아기 게였어요.

"아이, 눈부셔."

아기 게는 밖으로 나오자 눈을 가렸어요. 투명한 아기 게의 몸통은 햇빛에 닿자 유리병처럼 훤히 보였답니다. 아기 게는 차츰 눈이 밝아지자 처음 보는 세상이 참 신기했어요.

아기 게는 작은 모래 알갱이를 부지런히 헤치고 기어 다녔어요. 그러다가 무지무지 큰 바위를 만났어요. 아기 게는 모래 알갱이와는 비교도 안 되게 커다란 바위에게 마음을 빼앗겼지요.

바위에게 다가간 아기 게는 바위에 올라가 간지럼을 태웠어요. 바위의 웃는 모습을 보고 싶었거든요. 하지만 바위는 죽은 듯이 그대로 있을 뿐이에요.

'바위님은 날 싫어하는 걸까?'

어깨가 축 처진 아기 게는 조용히 바위를 내려오면서 생각했어요.
멀찍이서 이 광경을 보고 있던 소나무가 아기 게에게 충고했어요.
"아기 게야, 괜한 기대 말거라. 내 나이 200살이 넘었지만, 여태껏 바위가 누굴 좋아하는 걸 한 번도 본 적이 없단다."
"소나무 할아버지, 그래도 혹시 알아요? 앞으로 사랑을 하게 될 지……."
"사랑? 저 무뚝뚝이가? 바위는 그런 건 절대 모를 거다."
"할아버지, 그럼 저랑 내기해요. 제가 지면 할아버지 등 긁어 드리죠."
"그러렴. 난 200년간의 풍부한 경험으로 미루어, 바위는 사랑 따윈 모를 거라는 데 내 나무그늘을 걸지. 아마 확률 100퍼센트로 내가 이길걸!"

그날로 아기 게는 바위에 쌓인 먼지도 쓸어 주고, 더러운 얼룩은 바닷물을 퍼다 닦아 주기도 했어요. 고운 목소리로 노래를 불러 주기도 했지만 바위는 꿈쩍도 하지 않았어요.

그러다 비가 몹시 내리던 어느 날이었어요. 하늘은 어두컴컴하고 번개와 천둥소리로 가득했지요. 아기 게는 잔뜩 웅크리고 구멍 안에 숨어들었어요. 번쩍 우르릉 하더니, 쾅쾅 하는 소리가 들렸어요. 순간 아기 게는 구멍 밖으로 뛰쳐나왔어요. 아니나 다를까, 바위가 번개에 맞아 조각 난 거예요.

"바위님!"

아기 게는 무서움도 잊고 바위에게로 달려갔답니다. 그런데 깨진 바위틈에서 노랗게 빛나는 구슬에 갇힌 채송화를 발견했어요.

이것을 본 아기 게가 눈물을 흘리며 말했어요.

"평생 채송화를 사랑하셨군요. 그래서 제 마음을 거절하신 거였어요. 바위의 마음을 너무 수학적으로 계산하려 들었어. 죽은 채송화를 마음속에 묻고 사는 줄도 모르고."

소나무도 빗속에 서서 슬쩍 눈물을 훔쳤답니다.

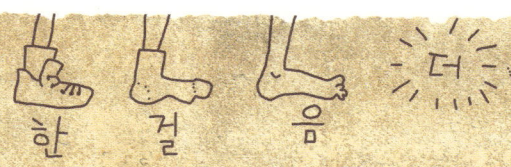

확률이란 무엇일까요?

어떤 일이 일어날 가능성을 수로 나타낸 것을 '확률'이라고 해요. 어떤 정해진 조건 아래에서 어떤 사건이나 일이 일어날 가능성의 정도를 말하지요. 수학적 수치로는 0과 1 사이의 수치로 표시하는데, 확률 1은 항상 일어남을 의미하고, 확률 0은 절대로 일어나지 않음을 의미한답니다.

그런데 확률에는 이런 계산을 통해 나오는 것과 경험한 결과를 토대로 나오는 것이 있어요. 이것을 각각 수학적 확률과 통계적 확률이라고 하지요.

주사위

주사위를 던져 위쪽에 드러난 점의 수로 승부를 겨루기도 하지요.

확률은 실생활에 널리 쓰여요

확률 이론은 17세기 중엽 프랑스의 파스칼, 페르마 같은 수학자들이 도박에 대해 이야기를 하면서 세워졌어요. 그러던 것이 이제는 많은 분야에 널리 쓰이지요.

스포츠에서 팀의 승률이나 타자의 타율 같은 것들이 모두 확률이에요. 만약 어떤 타자의 타율이 0.342(3할 4푼 2리)라면 그 타자가 안타를 칠 확률이 34.2퍼센트라는 뜻이지요. 공 10개 중 3, 4개를 맞춘다는 말이니 투수는 타율을 참고하며 공을 던질 거예요.

또, 내일 비가 올 확률이 80퍼센트(0.8)라고 한다면 틀림없이 우산을 준비할 거예요. 십중팔구 비가 온단 말이잖아요.

그리고 수술을 할 때 성공할 확률이 70퍼센트(0.7), 실패할 확률이 30퍼센트(0.3)라고 한다면 수술을 해야 할까요, 말아야 할까요?

이와 같이 확률은 불확실한 일에 대해 판단을 내려야 할 때 기준이 될 수 있답니다.

파스칼(1623~1662년)
프랑스의 철학자, 수학자

확률은 우리 생활 곳곳에서 찾아볼 수 있어요.

파스칼 삼각형의 비밀

파스칼은 아래의 삼각형을 도박에서 확률의 문제를 해결하는 데 사용했어요. 이 삼각형의 연구는 뒷날 확률론의 기초가 되었답니다.

중국에서는 이미 1303년에 알려진 이 삼각형은 1527년에 유럽으로 건너갔어요. 하지만 이 삼각형에서 흥미로운 성질을 이끌어 낸 사람은 프랑스의 철학자이자 수학자인 파스칼이었지요. 그래서 그의 이름을 따서 '파스칼의 삼각형'이라 부른답니다.

파스칼의 삼각형

이 삼각형에는 여러 가지 수학적인 규칙이 숨어 있어요.

예를 들어, 3행의 숫자 1, 3, 3, 1은 3개의 물건이 있을 때, 물건을 각각 0개, 1개, 2개, 3개 선택할 수 있는 가짓수를 뜻하지요.

파스칼 계산기

세무 공무원인 아버지를 돕기 위해 만들었다고 하지요.

18. 함수

내가 변하는 건 너 때문이야!

변수는 변덕쟁이예요. 싫증도 잘 낸답니다. 그래서 만나는 숫자 친구를 자주 바꿨지요.

처음 1을 만났을 때 변수는 1을 좋아했어요. 꼿꼿하고 바르게 허리를 쭉 펴고 있는 모습이 고결해 보였거든요. 하지만 얼마 가지 않아서 변수는 1이 시시해 보였어요.

"잘 있어."

변수는 손을 까딱 흔들어 보이고는 쉽게 1을 떠났답니다.

변수는 살짝 고개를 숙인 2를 보자, 금방 2가 좋아졌어요. 2가 고개를 못 드는 건 자기가 좋아서 부끄럼을 타는 거라고 생각했지요.

변수는 2를 볼 때의 설렘도 눈 깜짝할 사이에 사라졌어요.

길을 가다 변수는 8을 봤어요.

"참, 어여쁜 몸매야."

변수는 날씬한 허리를 한 8에게 한눈에 반했답니다. 며칠 동안, 변수는 8만 쳐다보고 살았지요. 자꾸 보고 있자니, 변수는 지루했어요.

0을 본 건 그때였어요. 동글동글 귀엽게 생긴 0은 변수가 보기에 천사 같았어요.

"어쩜 이렇게 귀여울까."

변수는 0을 쓰다듬으며 예뻐했지요. 그러다 몇 시간 뒤에 말했어요.

"넌 너무 공허해. 텅 빈 것 같단 말이야."

허탈한 마음으로 변수가 길가에 혼자 앉아 있었어요. 그런데 그 앞을 −1이 지나가는 게 아니겠어요? 변수는 눈을 비볐어요. 옛날에 처음 만났던 1이 생각났기 때문이죠.

"널 보면 가슴 설레는 옛 추억을 떠올리게 돼."

그런 이유로 변수는 −1을 사랑했어요. 하지만 −1은 1이 결코 아니었지요. 1과는 달라도 180도 달랐거든요. 곧 −1에게서 떠났어요.

그러던 어느 날, 다리 건너 함수가 자기를 좋아한다는 소문을 들었어요. 병수는 =자 모양의 다리를 건너가 함수를 찾아갔지요. 하지만 변수는 함수를 보고 얼굴을 찌푸렸어요.

"뭐야? 숫자가 아니잖아."

y자 모양의 함수는 변수가 보기에 매력이 없었어요.

"난 네가 태어날 때부터 널 지켜봤어. 나는 네가 좋아서, 네가 사랑하는 숫자를 나도 사랑했지……."

함수는 가슴이 벅차서 말을 잠시 쉬었어요.

"네가 사랑하는 상대에 따라 나도 수시로 숫자로 변했단다."

변수는 투덜댔어요.

"흥, 그런다고 멋없는 네 꼴을 내가 좋아할 줄 알고?"

늘 그랬듯이 변수는 미련 없이 함수를 떠났어요. 변수가 떠난 자리에 함수는 웃으며 서 있었어요.

"그래도 난 널 사랑해. 너의 모습을 언제까지나 담고 있을 거야."

함수가 눈물 한 방울 흘리며 말했지요. 그러자 눈물은 영롱한 무지개가 되어 함수 위로 떠올랐어요. 지나가던 아저씨가 대견하다는 듯이 말했어요.

"이차함수야! 멋진 포물선을 만들었구나. 너도 이제 다 컸구나, 사랑을 할 줄도 알고."

일대일 대응을 알면 함수가 쉬워요

아프리카의 어느 마을에 가면 추장이 주민의 수에 맞추어 조약돌을 준비해 두지요. 주민이 30명이면 조약돌도 30개가 있는 거예요. 추장은 마을 모임이 있을 때 참석한 사람에게 돌을 하나씩 나누어 줘요. 가진 돌이 모두 동이 나면 전원이 모인 것으로 여기고 행사를 시작하는 것이지요.

돌멩이 하나가 사람 한 명에, 하나씩 대응되는 거예요. 이것을 1대1 대응이라고 하는데, 이런 일대일 대응은 함수의 기본이 된답니다.

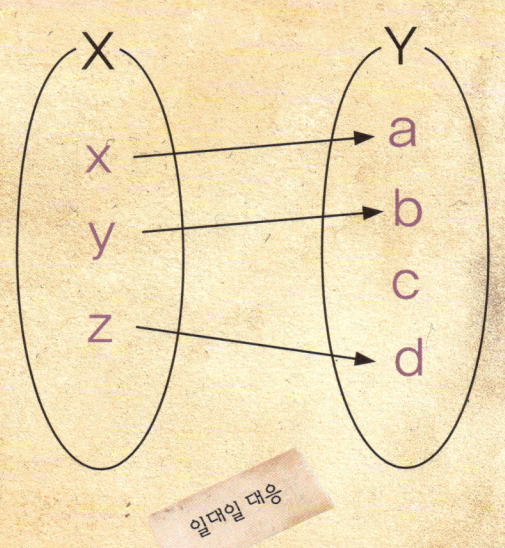

일대일 대응

x값에 따라 변하는 함수 y

함수에는 변하는 수 x와 y가 있어요. x값을 정하면 그에 따라 y도 값이 정해지지요. 값이 정해지는 y를 x의 함수라고 불러요.

예를 들어 엄마가 동생과 나눠 쓰라고 1천 원을 주었어요. 그럼, 1천 원을 얼마씩 나눌까요? 내가 900원을 가지면 동생은 100원을 갖고, 내가 500원을 가지면 동생도 500원을 가질 거예요. 만약 내가 0원을 가지면 동생은 1000원을 다 갖겠지요.

내가 갖는 돈에 따라 동생이 갖는 돈이 결정되죠? 이런 것을 함수 관계라고 한답니다.

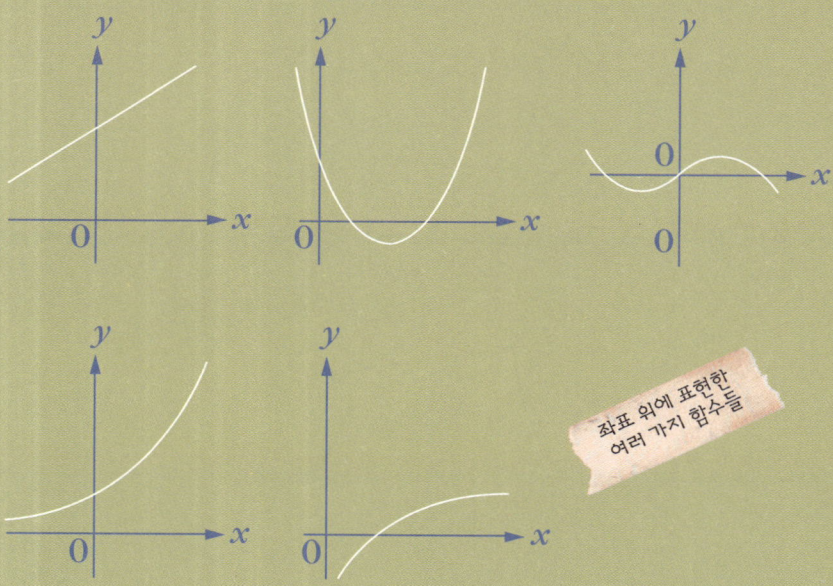

좌표 위에 표현한 여러 가지 함수들

파라볼라 안테나는 이차함수 때문에 움푹 파였어요

집 밖에 달려 있는 파라볼라 안테나를 본 적이 있나요?

우산을 반대로 걸어 놓은 모양을 한 안테나 말이에요. 그게 바로 위성으로 TV를 볼 수 있게 해 주는 파라볼라 안테나예요. 그런데 왜 파라볼라 안테나는 포물선 모양을 하고 있을까요?

그건 포물선만의 독특한 성질 때문이에요. 포물선에 평행으로 부딪치는 광선이나 전파는 모두 포물선의 초점에 모이는 성질을 가지고 있거든요. 약한 광선이나 전파도 한곳에 모이면 힘이 커지잖아요.

이 포물선을 만드는 데는 이차함수의 기본 식이 쓰인답니다.

이차함수를 응용한 것으로는 파라볼라 안테나와 반대지만 손전등도 있어요. 즉, 포물선의 초점에서 나온 광선이 포물선에 반사되어 평행으로 나아가는 원리지요. 평행으로 나아가면 약한 광선이라도 멀리까지 보낼 수 있으니까요.

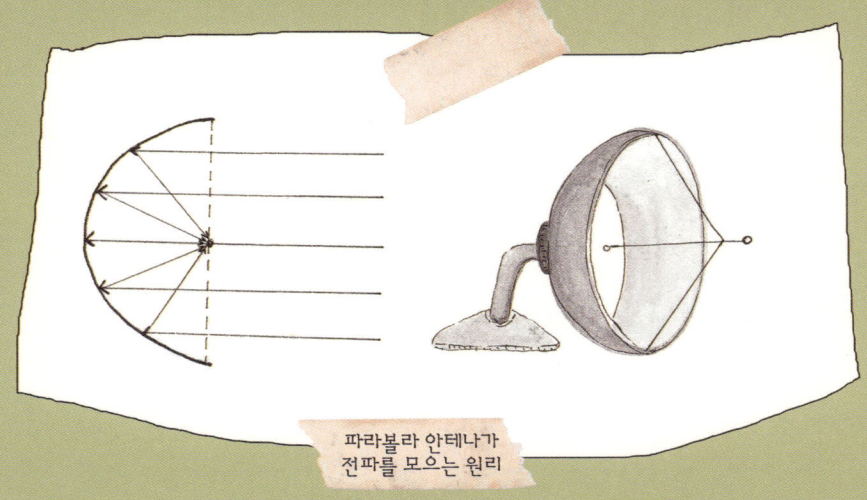

파라볼라 안테나가 전파를 모으는 원리

19. 미분과 적분

용을 죽여, 살려?

수 마을 동굴에는 용이 살고 있대요. 용이 난동을 부리는 날이면 마을은 온통 쑥대밭이 되고 말지요. 숫자들은 속상했어요. 힘들여 지은 집과 애써 가꾼 곡식들이 못쓰게 되니까요. 급기야 마을 회의가 벌어졌어요.

"용을 죽여야 해."

"그래도 죽이면 불쌍하잖아요."

숫자들은 양편으로 갈렸어요. 죽이자, 죽이지 말자로 말이에요. 시간이 흘러도 양편은 마음을 합치지 못했어요.

"그럼, 따로따로 행동하기로 하고 회의를 마칩니다. 땅땅땅!"

용을 죽이기로 한 숫자들은 저희끼리 모여 또 회의를 했어요. 어떻게 용을 죽일까 궁리하기 위해서지요. 동굴 입구를 막아 굶겨 죽일까? 누군가를 보내 쓱싹 처치해 버릴까?

그러다 결정이 났어요.

"미분이를 보내 용을 자르기로 합시다."

그날 밤, 미분이는 용이 있다는 동굴로 향했어요. 칼을 쥔 미분이의 손은 잔뜩 힘을 주어서인지 땀에 흠뻑 젖어 있었어요. 용에게 미분이를 보낸 건 미분이에게 바로 이 날카로운 칼이 있기 때문이지요. 깜깜한 동굴로 들어서자 용의 냄새가 났어요. 다행히 용은 쿨쿨 코를 골며 자고 있었지요. 미분이는 용기를 내어 주문을 외웠어요.

"디디디디디(ddddd)! 나뉘어라, 용이여!"

용은 놀래서 입에서 불을 내뿜었어요.

하지만 그것도 잠시. d자 모양의 칼이 용에게 닿자, 용은 천 갈래 만 갈래로 갈라져 죽었어요. 미분이는 재빨리 동굴을 빠져 나왔지요.

용이 죽었다는 말을 듣고 한편에서는 뛸 듯이 기뻐했지만, 다른 편은 그렇지 않았어요.

"소중한 생명을 함부로 죽이다니, 타일러 보지도 않고 말이야."

용의 죽음을 못마땅하게 여긴 숫자들이 모였어요.

용을 살려낼 수 없을까? 이러쿵저러쿵 의논하던 숫자들은 방법을 찾았어요.

"적분이를 보내 용의 잘린 조각을 붙이기로 합시다."

적분이는 용이 잘려 죽은 동굴로 향했어요. 손에는 멋진 풀 통을 들고 말이에요.

동굴에 들어서자 싸늘한 냉기가 흘렀어요. 숫자들의 말대로 용은 처참하게 죽어 있었지요.

적분이는 $\int$ 요렇게 생긴 풀로 용의 조각을 조심스레 붙여 나갔어요. 땀을 뻘뻘 흘리며 적분이가 마지막 꼬리 조각을 붙이자 눈을 번쩍 뜬 용은 동굴 밖으로 날아갔어요.

적분이는 날아가는 용에게 소리쳤어요.

"다시는 남들을 해치지 말아요. 그러다간 또 변을 당할 테니까요. 이젠 남들과 조화롭게 사는 법을 배우세요."

용은 그제야 적분이의 뜻을 알았나 봐요.

용은 되돌아와 여의주를 적분이 앞에 떨어뜨려 주고 멀리 날아갔지요.

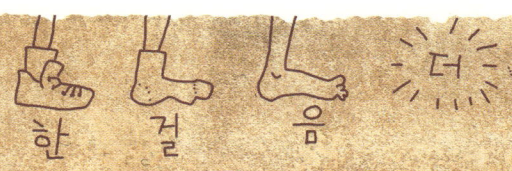

미분과 적분은 무엇일까요?

　미분학과 적분학은 변화한 양에 관한 수학이라고 말할 수 있어요. 미분법으로는 아주 짧은 순간의 변화량을 구할 수 있고, 적분법은 매 순간 변화한 양을 모두 합한 값을 구하는 방법이지요. 내 키가 일정 기간 동안 얼마나 컸는지 알아보려면 미분을, 태어나서 지금까지 얼마나 컸는지 알아보려면 적분을 써서 계산하는 거예요.

　미분과 적분은 이렇게 서로 반대 관계에 있는데, 이것을 합쳐 미적분학이라고 불러요. 즉 미적분은 변화에 관한 학문이라고 할 수 있지요.

　Δ는 그리스 문자로 '델타'라고 읽는데, 늘어난 양을 나타내지요.

$$\frac{\Delta y}{\Delta x} = \frac{y의\ 변화량}{x의\ 변화량}$$

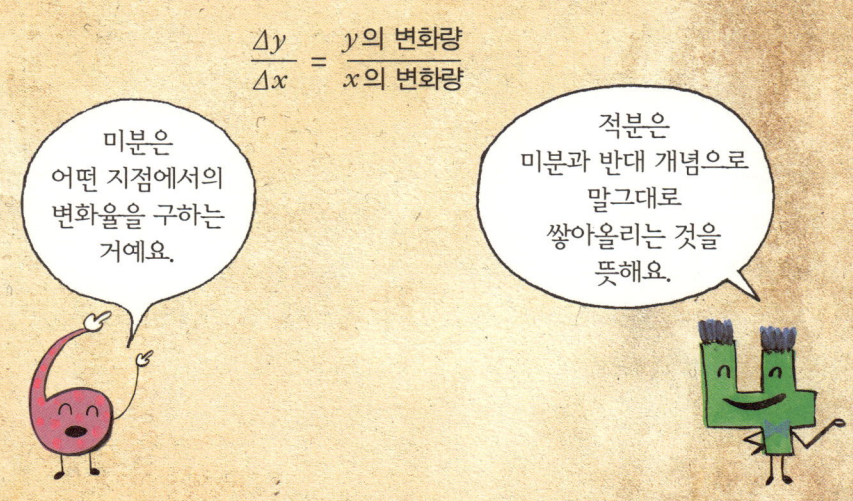

미분은 어떤 지점에서의 변화율을 구하는 거예요.

적분은 미분과 반대 개념으로 말그대로 쌓아올리는 것을 뜻해요.

미분법은 이렇게 쓰여요

미분법은 과학의 여러 분야에서 쓰이고 있어요.

물리학에서 속도에 따른 위치의 변화 비율을 구하거나, 화학에서 반응에 따라 농도의 변화 비율을 구할 때 많이 쓰이지요.

또 기술자가 댐 안팎으로 흐르는 물의 비율을 알고자 할 때도 미분법을 써요. 지리학자는 도시 중심에서 밖으로 늘어나는 인구의 변화율을 계산하기도 하고, 기상학자는 높이에 따라 달라지는 기압을 미분법으로 측정한답니다.

심리학에서도 사람들이 시간이 지나면서 집중력이 변하는 모습을 관찰할 때 쓰이지요.

적분법은 이렇게 쓰여요

실생활에서 적분법이 쓰이는 대표적인 예는 컴퓨터 단층 촬영(CT)이에요. 병원에서 몸속 내장 기관의 상태를 알아 볼 때 수술을 하지 않고도 몸속의 단면을 볼 수 있는 촬영 방법이랍니다.

예를 들어 뇌를 단층 촬영하고 싶으면 뇌를 빙 둘러 가면서 X레이를 비추어 맞은편에서 그 강도를 재지요. 그러면 X레이가 찍은 조직의 밀도를 가지고 그 적분값을 계산하는 거예요. 이런 방법으로 단층을 볼 수 있게 된답니다.

또 간단한 적분법으로 컵에 담긴 물의 부피를 알아내거나, 통의 넓이를 계산할 수 있어요.

뉴턴과 라이프니츠의 싸움

기원전 3세기 때부터 아르키메데스와 유클리드는 평면의 넓이를 구할 때 이미 적분과 비슷한 방법을 썼어요. 그 뒤 여러 방법이 연구되다가 18세기에 뉴턴과 라이프니츠가 이들 방법을 더 넓히고 단단히 했지요.

뉴턴은 〈프린키피아〉라는 논문에서 움직임에 대한 이야기를 하면서 미적분을 소개했어요. 하지만 미적분 풀이법에 대한 발표는 독일의 수학자인 라이프니츠가 먼저 한 상태였지요. 이로 인해 두 사람은 미적분을 누가 먼저 발견했는지 법정에까지 가서 싸웠답니다.

법정에서는 결국 뉴턴의 손을 들어주었지만 라이프니츠가 미적분에 남긴 공헌도 커요. 진작부터 기호의 중요성을 알고 미분 기호 d와 적분 기호 ∫(인테그랄)을 만들어 우리가 간편하게 식을 쓸 수 있게끔 했으니까요.

뉴턴(1642~1727년) 영국의 수학자

라이프니츠(1646~1716년) 독일의 수학자

20. 기하학

복어가 삼켜 버린 공식

깊은 바닷속에 살던 '기하' 얘기예요. 이 녀석은 그림 그리기를 무척 좋아했지요.

쓱쓱 그리기만 하면 뾰족한 삼각형, 네모난 사각형, 둥근 원도 금세 나타났어요. 바다 생물들은 기하의 솜씨를 칭찬했지요.

기하는 바다 생물들이 칭찬해 줄 때마다 기분이 좋았어요. 그래서 눈에 띄는 곳마다 그림을 그렸답니다. 돌에도 해초 잎 위에도 조개 껍데기 위에도 그림을 그려 댔지요.

이제는 기하가 그려 주는 도형 무늬가 바다 생물에게 유행처럼 번져 갔어요. 물고기들도 기하에게 등이나 옆구리를 들이대며 그림을 그려 달라고 했지요. 기하는 온종일 그림을 그리느라 힘들었어요.

하루는 고래가 커다란 몸통에 삼각형을 그려 달라는 거예요. 기하가 정성껏 고래 등에 삼각형을 그려 주자 고래가 뜻밖에 선물을 주지 뭐예요.

"이건 뭐예요?"

기하는 부채꼴 모양의 물건을 받아들고 물었어요. 고래가 굵직한 목소리로 말했어요.

"그건 각을 재는 각도기란다."

기하는 새 장난감이 맘에 쏙 들었어요. 각도기가 생기고 나자 기하에게는 한 가지 버릇이 생겼어요. 그건 바로 그림을 그리고, 꼭 각도를 재 보는 것이었지요.

그러다 놀라운 사실을 발견했어요. 삼각형을 그리면 세 각의 합이 늘 180도가 됐던 거죠.

넙치처럼 넓적한 물고기나, 오징어의 평평한 배에 그리면 늘 그랬어요. 하지만 다른 통통한 물고기에게 삼각형을 그려 주고 각을 재면, 각이 180도를 넘었어요.

기하는 신기한 이 사실을 공책에 적어 두었어요.

'평면에서 삼각형의 합은 180도다. 하지만 통통한 물고기에 그린 삼각형의 합은 180도를 넘는다.'

기하는 날마다 삼각형 연구에 푹 빠져 지냈답니다. 어느 날, 기하에게 복어가 찾아왔어요.

"내 배에 아름다운 삼각형을 그려 주렴."

기하는 복어의 흰 배에 정성 들여 삼각형을 그렸어요. 그리고 각을 재 보는 것도 잊지 않았지요.

'음, 역시 180도보다 약간 크군.'

그림이 다 된 걸 보자 복어는 자랑 삼아 배에 힘을 주었어요. 그러자 복어의 배는 볼록하고 빵빵하게 튀어나왔어요.

그런데 이게 웬일이에요? 삼각형의 각의 크기가 점점 커지는 게 아니겠어요!

눈이 휘둥그레진 기하는 각도기로 크기를 다시 재 보았어요. 아까와는 비교도 할 수 없을 만큼 각이 커져 있었어요. 기하는 얼른 공책에 이렇게 적었답니다.

'둥근 면이 커지면 커질수록 삼각형의 안쪽 세 각의 크기는 커진다.'

복어는 기하가 뭘 적나 궁금해서 공책을 낚아채 소리 내어 읽었어요.

"뭐야, 이건! 내가 뚱뚱하단 얘기야? 괘씸한 것 이런 걸 적어 두다니."

복어는 공책을 북북 찢어 입안에 털어 넣었답니다. 이것을 본 기하는 충격으로 쓰러져 다시는 일어나지 못했어요.

그나저나 복어의 뱃속에 들어간 그 공식, 이게 정말 맞는 것일까요?

기하학이란 뭔가요?

기하학은 우리 주변에 있는 도형을 연구하는 학문이에요.

고대 이집트에서는 홍수로 나일 강이 넘친 후에 토지를 다시 재서, 나누려고 기하학을 공부했어요.

생활에 쓰던 이집트의 기하학과는 달리 그리스 사람은 기하학 이론을 정리하고 증명했어요. 여기에 크게 힘쓴 이들이 탈레스와 피타고라스 학파이지요. 이들은 대화를 통해 상대방의 동의를 얻는 방법으로 증명했는데 여기에서 민주주의의 싹이 텄다고 할 수 있어요.

유클리드 기하학을 완성시킨 알렉산드리아의 수학자들

유클리드의 기하학은 뭔가요?

유클리드는 알렉산드리아 대학의 수학 교수였어요. 유클리드는 《기하학원론》을 썼는데, 당시 피타고라스·플라톤 학파가 쌓아 놓은 도형에 관한 지식을 모아 정리한 책이에요.

이 책은 오늘날까지도 읽어 볼 만한 좋은 책으로 꼽히지요. 지식을 풀어 놓은 방법이 매우 논리적이기 때문이에요. 유클리드는 누구나 경험으로 알 수 있는 사실을 공리라고 하고, 거기서 정리를 이끌어 내고, 이것을 다시 증명했어요. 이것은 오늘날 논리적 증명의 모범이 되고 있답니다.

유클리드
(기원전 325~기원전 265년)

비유클리드 기하학도 있어요

19세기에 야노스 볼리야이와 니콜라이 로바체프스키는 유클리드 기하학의 제5공리인 '평행선은 영원히 만나지 않는다.'는 가정은 틀렸다고 주장했어요. 즉, 평면 위의 두 직선은 모두 만난다는 것이지요.

이렇게 비유클리드 기하학이 나오면서 공리를 절대적인 진리로 여기던 사고방식이 뒤집어졌어요. 이것은 19세기 수학사에 가장 중요한 사건이었지요.

> 도형에 관한 지식을 정리하여 《기하학 원론》이란 책을 썼어요.

리만의 타원기하학, 지구는 둥글다

비유클리드 기하학은 세상에 발표된 지 30년이 지날 때까지도 수학의 변두리에서 맴돌았어요. 절대불변의 진리라고 믿었던 유클리드 기하학을 쉽게 버릴 수 없었던 거죠.

그러다가 독일의 수학자 리만에 의하여 비유클리드 기하학이 체계적으로 틀이 잡히게 되지요.

리만은 직선 밖의 한 점을 지나는 평행한 직선은 하나도 존재하지 않는다는 타원적 비유클리드 기하학을 발표했어요. 그뿐만 아니라 공간을 구부러진 정도로 나타내는 곡률로 설명했지요. 이로써 공간의 학문인 기하학은 딱딱하게 굳은 공간이 아니라 자연스러운 공간을 다루게 되었어요.

이 이론이 없었다면 60년 후 아인슈타인의 일반상대성 이론도 나오지 못했을 거라고 해요.

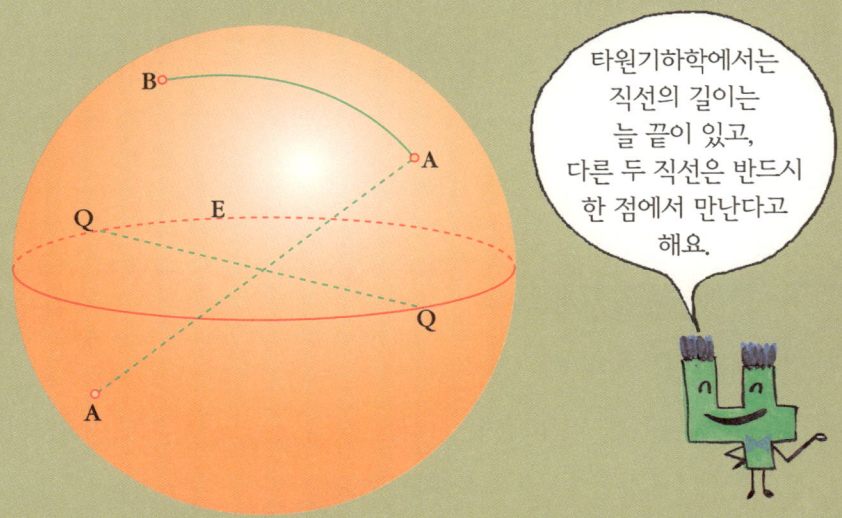

타원기하학에서는 직선의 길이는 늘 끝이 있고, 다른 두 직선은 반드시 한 점에서 만난다고 해요.

21. 우리 겨레의 수학

겨레의 산학 시험

"어머니, 소자 시험 잘 보고 오겠습니다."

겨레는 어머니께 큰절을 올려 인사를 드렸어요. 겨레는 개경으로 가는 길에 옛 생각이 떠올랐어요.

따사로운 해가 쬐던 가을날, 겨레는 마당에서 벼를 터는 아버지의 일손을 돕고 있었어요.

마침 관리들이 들이닥쳐 벼를 얼마나 거두었는지 셈하겠다고 했어요. 아버지와 겨레가 세어 보니 벼가 400두였어요.

하지만 관리들은 500두가 나왔다는 거예요. 그러니 그 가운데 십분의 일인 벼 50두를 세금으로 내놓으라는 거지 뭐예요.

관리들의 엄포에 울며 겨자 먹기로 겨레네는 벼 50두를 바쳤어요. 관리들의 셈은 해마다 그런 식이었어요. 그래서 겨레는 관리들을 셈도 못 하는 바보라고 여겼지요.

'나는 앞으로 산학(수학의 옛말)을 잘해서, 훌륭한 산사(지금의 수학자)가 될 거야.'

그때의 다짐을 되새기며, 겨레는 봇짐에서 책을 꺼냈어요. 겨레는 걸으면서 《구장산술》을 계속 외웠어요.

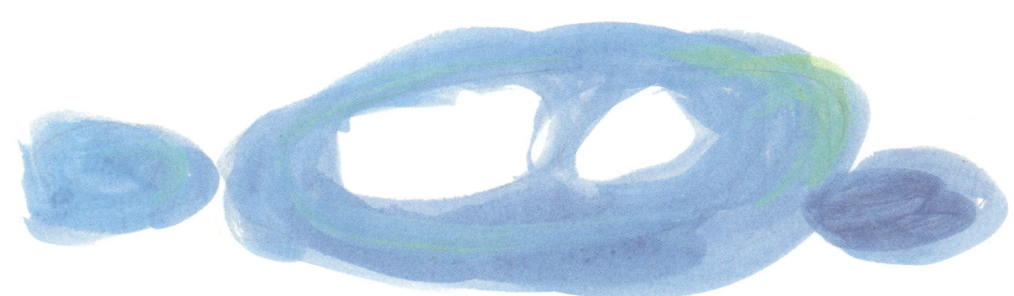

시험장에는 시험관이 여섯 사람이나 돌아다니며 시험 감독을 하고 있었어요.

"자, 《구장산술》 9장 10조를 암기해 보시오."

겨레는 곧바로 외우기 시작했어요. 하지만 지나치게 긴장을 한 탓에 매끄럽게 외우지는 못했답니다. 중간에 두 번이나 쉬었다가 다시 이었어요.

숙소로 돌아온 겨레는 쉴 틈이 없었지요. 앞으로 이틀이나 더 시험을 봐야 했거든요. 방 안에는 시험 보느라 피곤했는지 벌써 잠에 곯아떨어진 사람도 있었어요.

겨레는 《구장산술》의 6장을 외우며 밤을 하얗게 새웠답니다. 내일은 실수하면 안 되니까요.

다음 날 아침, 시험관은 어김없이 문제를 냈어요.

"오늘은 《구장산술》 6장을 외워 보시오."

겨레는 맑은 목소리로 한 글자도 틀리지 않고 외웠어요.

주막에 돌아온 겨레는 한숨 자기로 했어요. 꼬박 밤을 지새운 바람에 졸음이 쏟아지는 데다 셋째 날 시험은 암기 문제가 아니라 자신이 있었거든요.

겨레는 동그라미로 된 하늘과 네모로 된 땅을 자기가 긴 자를 들고 재는 꿈을 꾸었어요. 그러다가 퍼뜩 꿈에서 깨어났지요. 겨레는 눈앞에 둥글고 푸른 하늘과 네모난 검은 땅이 선명하게 떠올랐어요. 그러자 왠지 몸과 마음이 맑아져 새 기운이 솟는 것 같았어요.

마지막 시험 날, 시험관은 산학 문제 여섯 개를 냈어요. 그 가운데 적어도 네 개는 맞혀야 시험을 통과할 수 있었어요. 겨레는 한두 문제가 알쏭달쏭했지만, 성심껏 문제를 모두 풀었답니다. 3일 동안의 시험이 다 끝나자, 겨레는 홀가분하면서도 허전했어요.

'더 열심히 공부할걸 그랬어.'

겨레는 하늘을 올려다보았어요. 둥그런 하늘이 겨레를 보고 방긋 웃어 주네요.

과연, 겨레는 산학 시험에 붙었을까요?

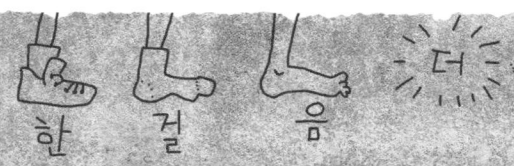

동양 수학의 기본 교과서, 《구장산술》

우리 조상들도 중국 사람들처럼 《구장산술》이라는 책으로 수학 공부를 했어요. 《구장산술》이 쓰인 때는 1세기쯤이나 그 이전으로 알려져 있으니 역사가 오래되었지요.

《구장산술》은 수학과 관련된 문제집과 같은데, 문제 뒤에 바로 답이 있고, 그 아래에 풀이 방법이 나오는 짜임새로 이뤄져 있어요.

우리나라의 수학은 추상적인 개념보다는 생활 속에서 부딪히는 문제를 풀기 위한 매우 실용적인 학문이었지요. 실제로 땅의 크기를 재고, 세금을 걷고, 곡식을 서로 바꾸고, 토목 공사를 하고, 이자를 붙이는 것에 관한 내용들이지요.

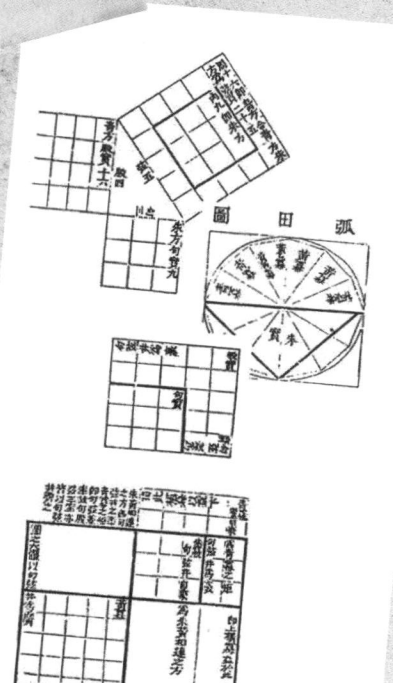

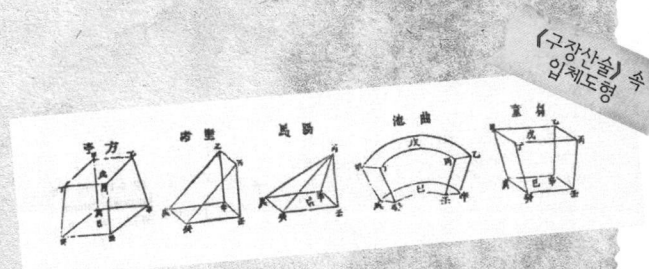

《구장산술》 속 입체도형

《구장산술》 속 피타고라스의 정리

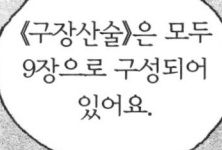

《구장산술》은 모두 9장으로 구성되어 있어요.

고려 시대의 수학 시험

산사(수학자)를 뽑는 수학 시험은 고려 때에는 사흘 동안 치러졌어요. 첫째 날과 둘째 날은 《구장산술》 9장과 6장을 암기하고, 마지막 날에는 《구장산술》에 나온 여섯 문제를 풀어 4문제를 풀어야 시험에 붙는답니다.

산사들은 수학 지식을 자유로이 다룰 줄 아는 신기한 재주를 지닌 자로 존경을 받았어요. 하지만 실제로는 거의 수학을 몰랐다고 해요. 아는 것은 책 속에 있는 지식일 뿐 논밭을 밟는 일조차 없었지요. 이런 산사는 그나마 중앙 관서에 있었고, 직접 현장에 나가는 이는 '아전'이었어요. 이들은 새끼줄과 발걸음으로 토지를 대충 재고, 뇌물이 많고 적음에 따라 토지 넓이를 맘대로 늘였다 줄였다 했어요. 그러니 우리 옛 농민들의 피해가 이만저만이 아니었겠지요?

※ 다음은 《구장산술》에 있는 문제예요. 고려 때 산학시험 보는 기분으로 풀어 보세요.

밭이 하나 있는데 그 밭의 가로 길이는 15보이며, 세로 길이는 16보이다. 밭의 넓이는 얼마인가?

> 답은 바로 15×16=240이 되어 240보가 되지요.
> 옛날에는 '보'를 길이의 단위로 보았는데, 1보는 지금의 약 1.5미터쯤 되지요.

상인들의 수 놀이

상인들은 늘 셈을 해야 하기 때문에 계산 기구와 떼려야 뗄 수 없는 사이지요. 조선 시대 개성상인들은 수를 셈할 때 중국에서 쓰는 것과 같은 산대를 썼어요. 산대는 산가지라고도 하는데, 이것은 길이가 10센티미터쯤 되는 나무 막대랍니다. 하지만 장부에 적을 때 사용하는 숫자는 따로 있었답니다.

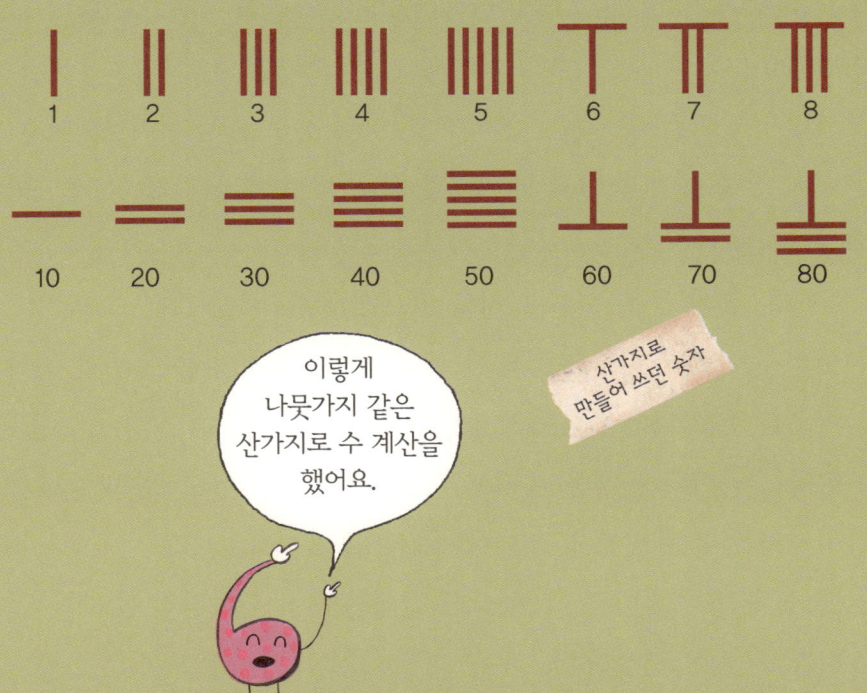

이렇게 나뭇가지 같은 산가지로 수 계산을 했어요.

산가지로 만들어 쓰던 숫자

22. 카오스 이론

나비의 날갯짓 때문에 다친 거라고!

나비 한 마리가 날개를 팔랑거리며 날아갔어요. 나비의 날갯짓에 작은 바람이 일었지요. 그 바람에 실려 민들레 홀씨는 멀리멀리 날아갔어요.

그렇게 날아간 홀씨는 우연히도 우리 집 창문 틈에 내려앉았어요. 그런데 창을 붙잡고 밖을 내다보던 내 동생 손에 홀씨가 묻어 버렸답니다.

동생은 홀씨 묻은 손으로 저도 모르게 눈을 비볐어요. 그 바람에 동생의 눈이 빨개지고 눈두덩이 부어올랐지요. 엄마는 동생의 눈이 부어오른 것을 보더니 화들짝 놀랐답니다.

엄마는 곧바로 동생을 데리고 병원으로 달려갔어요. 병원 진료가 길어지자 엄마는 집에 있는 나에게 전화를 했어요.

"동생 눈병 치료하는 데 좀 오래 걸리는구나. 기다리지 말고 너 먼저 밥 차려 먹고 있으렴."

나는 라면을 끓여 먹기로 했어요. 그런데 물을 끓이다가 소매 끝자락이 불에 닿았어요.

"불이야!"

당황해서 소리를 꽥꽥 지르며 팔을 휘둘렀어요. 마침 개수대에 물이 담긴 것이 눈에 띄어 팔을 푹 담가 불을 껐지요. 불은 꺼졌지만 손목에 화상을 입었어요. 나는 울면서 아빠에게 전화했어요.

아빠는 집으로 와서 상처를 치료해 주었어요.

"어쩌다가 이렇게 되었니?"

"그건 나비가 팔랑거리고 날았기 때문이에요."

아빠는 내가 너무 아파서 정신이 없나 보다고 생각하는 듯했어요. 하지만 내가 이렇게 된 건 따지고 보면 나비 때문이잖아요. 나비가

나비의 날갯짓 때문에 다친 거라고! · 135

팔랑거리면서 일으킨 바람에 민들레 홀씨가 날렸고, 우리 집 창틀에 내려앉은 민들레 홀씨 때문에 동생이 눈병에 걸렸고, 동생이 눈병에 걸리는 바람에 내가 손목을 덴 거니까요. 내 말이 맞지요?

그런데 아빠와 나는 닮은 점이 참 많아요.

손가락이 굵은 거랑, 넓적한 얼굴이랑……. 그래서 사람들은 아빠와 나를 붕어빵이라고 하지요.

내가 이렇게 아빠를 닮은 건 아빠의 몸속 작은 세포 때문이에요.

그 안에 DNA(디엔에이)라는 유전자가 내 모습을 결정했거든요.

사실 닮은 것으로 따지자면 태양계와 우리 몸 안의 원자가 더 닮았지요.

태양을 중심으로 별이 돌고 있는 모양이 원자핵을 중심으로 전자가 도는 모습이랑 그렇게 똑같을 수가 없답니다. 그렇다면 우주 속에 우리가 살고, 우리 속에 또 우주가 있고, 몸 속 우주 속에 또 다른 내가 살고 있는 걸까요?

어쩌면 나는 거인의 코털 속에 든 우주 속에 들어와 있는 건 아닐까 몰라요.

"거인아, 코털을 뽑아 던지지 마. 우주가 흔들릴지 모르니까."

나도 행동을 조심해야겠어요. 혹시 알아요? 오늘 덴 상처로 그 부분에 있던 우주가 뒤집히고, 그 안에 살던 생물들이 재앙을 당했을지도 모르는 일이잖아요.

혼돈(카오스) 이론은 무엇일까요?

예로부터 과학자들은 자연 현상을 살펴 그것을 식으로 만들려고 했어요. 그것으로 자연 현상을 미리 알아내려 한 것이지요. 하지만 자연은 시시때때로 변했어요. 혼돈 이론은 이러한 공기의 흐름, 바닷물의 들고남, 동물들의 생태계 변화, 심장과 뇌의 진동 같은 불규칙하고 변덕스러운 현상도 예측할 수 있고 식으로 나타낼 수 있음을 밝힌 이론이랍니다.

혼돈 이론은 불규칙한 듯 보이는 이런 현상 속에도 규칙이 있다는 것을 설명한 것이에요. 변덕스런 자연 현상도 법칙에 따라 움직인다고 말이에요.

번개

불규칙해 보이는 번개도 일정한 자연 법칙에 따라 일어나는 거예요.

나비 효과를 아시나요?

혼돈 상태의 가장 중요한 특징은 처음 상태의 아주 작은 변화가 완전히 다른 결과를 가져온다는 거예요. 작은 동작은 작은 결과만 낳고 그친다는 그 동안의 생각이 잘못된 것이라고 말하는 것이지요.

나비

예를 들면, 한 마리 나비의 날갯짓이 나중에는 엄청난 기후 변화를 일으킬 수도 있다는 거예요. 단지 그 변화 시간이 오래 걸리고 여러 과정을 지나기 때문에 예측할 수 없을 뿐이지요. 이러한 원인과 결과 사이의 관계를 '나비 효과'라고 한답니다.

프랙탈 도형으로 만들어진 자연

자연을 관찰해서 그려낸 도형을 프랙탈 도형이라고 해요. 예를 들어 볼까요? 높은 데서 내려다보면 큰 강은 작은 강으로 점점 갈라지지요. 작은 강은 다시 더 작은 시내, 개울로 갈라지고요. 그래도 개울을 가까이서 보면 모습은 큰 강과 비슷하지요. 이런 식으로 나뭇가지, 사람의 혈관도 전체와 부분이 닮아 있답니다. 이것을 '자

강줄기

기닮음도형'이라고 하며, 프랙탈의 가장 중요한 특징이에요. 만델브로트는 이 도형으로 자연의 성질을 밝히고 무질서 속에서 질서를 찾으려 했어요. 그런 점에서 프랙탈 도형은 혼돈 이론과 통하지요.

혼돈 이론에서 나온 퍼지 이론

우리의 생각은 참 애매할 때가 많아요. 목욕물의 온도를 맞출 때도 물이 '뜨겁다.', '차갑다.', '이 정도면 됐다.'고 하면서 온도를 정확히 재지는 않지요. 그래도 뜨거우면 찬물을 섞고, 차가우면 따뜻한 물을 섞어서 결국 알맞은 온도에서 목욕을 해요. 인간은 이렇게 애매한 상황에서도 합리적인 판단을 내린답니다.

반면에 기계는 단순한 일만 했지 여러 가지를 동시에 생각해서 결정하는 일은 못 하지요. 하지만 무질서 속에 질서가 있음을 밝힌 혼돈 이론은 퍼지 이론을 낳았어요. 즉, 인간의 지능을 사람의 힘으로 만들 수 있다는 이론이에요. 왜냐하면 애매한 상황에서도 규칙이 있을 테니까요. 이제 퍼지 이론은 여러 분야에 응용되고 있어요. 예를 들면, 인공 지능 세탁기는 빨랫감의 양, 오염 정도, 옷감의 종류에 따라 물의 양과 세제의 양, 세기를 달리하지요.

인공 지능 기법은 이렇게 공학 분야에 쓰이기 시작했고, 병의 진단이나 경영 의사 결정에도 쓰여 사회 과학에까지 널리 퍼지고 있답니다.

인공지능 로봇 청소기

나비의 날갯짓 때문에 다친 거라고! · 139

23. 집합

끼리끼리 모여 봐!

뽀글뽀글 파마를 한 아주머니가 장을 봐서 집에 가는 길인가 봐요. 장바구니에 물건이 가득 차 있어요. 아주머니는 힘이 드는지 오른손에서 왼손으로 장바구니를 옮겨 들었지요.

그새를 못 참고 속에 있던 물건들이 엉덩이를 들썩거리며 소동을 피웠답니다.

"저리 좀 비켜. 날도 더운데 왜 자꾸 붙는 거야."

사과가 매끄러운 살결을 뽐내며 복숭아에게 쏘아붙였어요. 복숭아는 뽀송뽀송한 솜털을 움츠리며 얼굴이 붉어져 말했지요.

"미안해, 내 솜털이 따끔거렸지? 사과할게."

"사과한테 사과라? 너 지금 나 놀리는 거지? 아휴, 요게."

사과는 복숭아를 쥐어박아 검게 멍이 들게 했어요.

사과와 복숭아 위에 편히 올라앉아 가던 청포도는 장바구니를 이리저리 옮기는 통에 가지가 끊기고 포도 알이 몇 알 떨어졌답니다.

"이렇게 좁아서야 원. 저 밖으로 나가고 싶어."

투명한 비닐봉지에 담겨 있던 사과, 복숭아, 청포도는 일제히 비닐 밖을 내다봤어요.

"여기가 편해 보이니?"
비누가 말했어요.
"하지만 여기도 장바구니 속이긴 마찬가진걸."
고무장갑이 거들었지요.
그때 다른 노란색 투명 비닐봉지 속에서 파가 이렇게 말하는 거예요.
"그래도 내가 그나마 제일 나은가 봐. 장바구니 밖으로 삐죽 고개를 내미는 건 키 큰 나뿐이니까."
파와 같은 봉지에 담겨 있는 시금치와 토마토가 "그래, 그래." 하며 머리를 끄덕였어요.
"그나저나 도대체 누가 우릴 이렇게 나눠 놓은 거야?"
사과가 단단한 이마를 반짝이며 대들듯이 말했어요. 그러자 시금치가 대답했어요.

"그야 당연히 저 뽀글이 아줌마겠지."

"왜?"

사과가 이유를 물어봤지만 시금치도 그 이유는 몰랐어요.

"우리는 지금 같은 성질을 가진 것끼리 묶여 있단다."

지금까지 잠자코 있던 비누 옆의 손전등이 말했어요.

"투명 비닐에 들어 있는 너희는 과일이고, 노란 비닐에 들어 있는 너희는 채소잖아."

"응, 끼리끼리 묶어 놓은 거로군."

복숭아가 이제야 알겠다는 말투였어요. 하지만 토마토는 자못 심각한 모습이었어요.

"내, 내, 내가 채소라고?"

"너무 맛있어서 너를 과일로 착각하긴 하지. 하지만 채소의 본분을 잊지 마, 토마토야."

파가 말했어요.

"쳇, 우린 뭐야. 묶음에도 들지 못하고."

옆에 있던 고무장갑이 투덜거리며 말했어요. 그때였어요. 뽀글이 아주머니가 바구니를 내려다보며 말했어요.

"호호호, 편가를 필요 없어요. 너희들 모두 우리 식구에게 유용하게 쓰일 거니까."

아주머니는 이렇게 말하고는 장바구니를 두 팔로 안고 부지런히 걸었답니다.

집합이란 무엇일까요?

대상을 분명히 알 수 있는 것들의 모임을 집합이라 해요. 그리고 집합을 이루는 대상 하나 하나를 원소라고 하지요.

예를 들어, 우리 반에 안경을 쓴 학생들의 모임을 집합이라고 할 때, 용준이와 지수가 안경을 썼다면 용준이와 지수는 원소가 되는 것이지요.

집합끼리는 서로 합할 수도 있고, 뺄 수도 있고, 원소가 공통인 것끼리 모을 수도 있답니다. 합한 집합을 합집합, 뺀 집합을 차집합, 이쪽으로도 저쪽으로도 모두 모을 수 있는 집합을 교집합이라고 하지요.

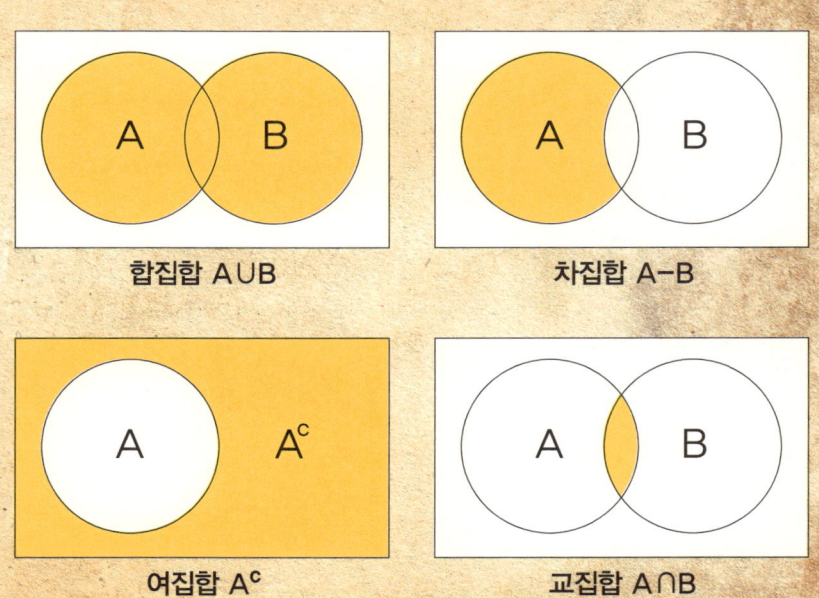

합집합 A∪B

차집합 A−B

여집합 A^c

교집합 A∩B

무한집합은 원소가 끝없이 많아요

집합은 원소의 개수에 따라 공집합, 유한집합, 무한집합으로 나누어요. 공집합은 원소가 하나도 없는 집합이고, 유한집합은 원소의 개수를 셀 수 있는 집합이며, 무한집합은 원소의 개수가 끝없이 많은 집합을 말하지요.

원소가 끝없이 많은 것에는 어떤 집합이 있을까요? 바닷가의 모래알을 원소로 하면 무한집합이 될까요? 아니에요. 모래알도 언젠가는 끝이 나겠죠.

반면에 수의 집합은 끝이 없어요. 자연수(1, 2, 3, 4,……)의 집합을 볼까요? 100이 돼도, 10000이 돼도 결코 끝나는 법이 없잖아요. 그뿐 아니라 정수(…, -3, -2, -1, 0, 1, 2, 3, …)의 집합, 유리수(…, -3/4, -2/3, -1/2, 1/2, 2/3, 3/4, …)의 집합, 무리수(…, -1.414213562…, 1.414213562…, 2.71828……)의 집합도 모두 끝이 없답니다.

여기 보이는 모래알보다 더 많이, 끝없이 숫자가 있다는 게 상상이 되나요?

사막의 수많은 모래알

무한하다고 다 똑같은가요?

무한집합 중에 가장 큰 집합은 무리수의 집합이에요. 나머지 자연수의 집합과 정수의 집합, 유리수의 집합은 모두 크기가 똑같답니다.

왜냐하면 자연수, 정수, 유리수의 원소는 서로 일대일 대응이 되거든요. 하지만 무리수의 원소는 다른 집합의 원소와 일대일 대응을 시킬 수가 없어요. 일대일 대응을 시키다 보면 중간에 빠뜨린 원소가 자꾸 생기기 때문이지요. 그러니 무리수의 집합이 가장 클 수밖에요.

칸토어를 정신병원으로 보낸 무한의 성질

칸토어는 1874년 《집합론》이란 책에서 '무한'의 성질을 처음 밝혀냈어요. 하지만 당시 사람들은 무한을 따지는 것은 신을 욕되게 하는 것이라 여겼어요. 무한은 신만이 셈하는 단계로 사람은 감히 다룰 수 없다고 생각했으니까요.

그런 만큼 칸토어의 이론은 모질게 비난을 받았지요. 더구나 지도 교수였던 크로네커는 그의 앞길까지 막았어요. 그러던 중 칸토어는 너무나 거센 반대와 질책을 이기지 못하고 정신병 증세를 보여 병원에 입원하곤 했답니다.

결국 나이가 들어서 그의 무한집합론이 세상의 인정을 받았지만 그는 끝내 정신병원에서 쓸쓸한 최후를 맞았어요.

정신 이상까지 가져왔지만 칸토어의 이론은 20세기 수학에 엄청난 영향을 끼쳤답니다.

칸토어는 논문 속에서 '수학의 본질은 자유에 있다.'라고 했어요. 어디 수학뿐이겠어요? 어떤 분야든 자유로운 상상력이 훨씬 좋은 결과를 가져온답니다.

칸토어
(1845~1918년)

24. 차원

넌 얼마나 자유롭니?

마을 입구에는 철로가 깔려 있어요. 기차는 낮이나 밤이나, 봄이나 겨울이나 꿋꿋하게 이 한 길만을 지나다녔답니다.

그러던 어느 날, 자동차와 기차가 만났어요. 자동차는 기차한테 말했어요.

"기차야, 난 너만 보면 숨이 막혀. 넌 오늘도 이 길로만 다니니?"

자동차가 자기를 한심하게 보자 기차는 눈을 내리깔았어요.

"그럼 너는 아니야?"

자동차는 갑자기 붕붕 소리를 요란하게 내며 기차 옆에서 속력을 냈지요. 그러다가 방향을 홱 틀어 기차를 떠나 마을로 가는 거예요. 자동차가 멀리 작아지는가 싶더니 다시 기차 쪽으로 방향을 홱 틀어 달려오는 게 아니겠어요?

"와, 너는 마을에도 들어갔다 올 수 있구나. 난 마을 옆을 지나치기만 할 뿐, 한 번도 들어가 본 적이 없어."

기차도 마을에 가보고 싶었나 봐요.

"난 너처럼 다닐 수도 있고, 네가 다니는 철길을 타넘고 다닐 수도 있지. 난 어디든 갈 수 있단다."

자동차는 뽐내며 말했어요. 그럴수록 기차는 자기가 한심했지요. 속상한 마음에 자기도 모르게 한숨을 내쉬었어요. 마침 기차 위를 날아가던 헬리콥터가 기차가 내뿜는 하얀 연기를 들이마셨답니다.

헬리콥터가 콜록거리면서 물었어요.

"기차야, 무슨 걱정이라도 있니?"

"난 겨우 한 길만 다니는데 자동차는 앞뒤 좌우로 다닐 수 있대. 얼마나 자유로울까……?"

그러자 헬리콥터가 말했어요.

"참, 뭐 그까짓 걸 가지고 부러워하니? 적어도 나 정도는 돼야지. 난 보시다시피 하늘을 날아다니잖아."

기차는 몹시 부러운 눈으로 헬리콥터를 바라봤어요. 그렇지만 헬리콥터의 말을 듣고 있던 자동차는 그만 샐쭉해졌답니다.

"자동차야! 네가 마음껏 달릴 수 있는 건 좋은 일이지만, 그것보

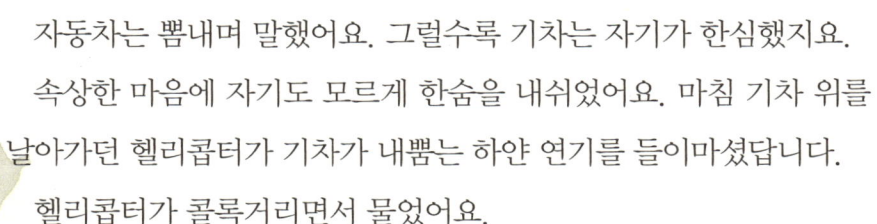

다도 생각이 얼마나 자유로운지가 훨씬 중요해. 마음을 넓게 먹어 봐."

헬리콥터의 이 말에 자동차는 뽀로통해진 채 기차와 헬리콥터를 노려봤어요. 그때 어디선가 비행접시가 나타나 자동차를 콩 때렸지요.

그 바람에 자동차의 앞머리가 살짝 찌그러지고 말았어요. 비행접시는 어느새 헬리콥터 위에 붕 떠 있는 거였어요. 기차와 자동차는 어안이 벙벙해졌지요.

"4차원으로 움직이는 비행접시야. 시간을 타고 움직이지. 놀랄 것 없어."

헬리콥터가 땅에서 달리는 친구들을 안심시켰어요.

"야, 동에 번쩍 서에 번쩍 하는 이유가 시간 속으로 움직이기 때문이구나."

기차가 감탄하며 말했어요.

"기차는 몸은 1차원에 있지만 생각은 활짝 열려 있는걸."

비행접시가 기차를 대견하게 보며 말했어요.

또 자동차에게도 한마디 했지요.

"누군가를 신체적인 능력 한가지로 평가하다니. 넌 몸만 2차원에 살지, 1차원에 사는 거나 마찬가지야."

이 말에 자동차는 씩씩거리며 하늘을 향해 주먹을 휘두르며 소리쳤어요.

"네가 비행접시면 다야? 나와! 나오란 말이야."

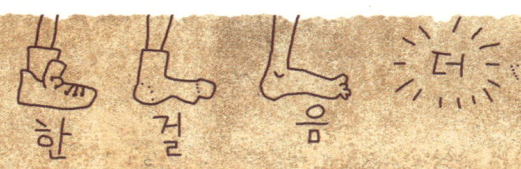
한 걸음 더

차원이 뭐예요?

　자유로이 움직일 수 있는 방향의 개수를 차원이라고 해요. 한 방향, 그러니까 앞뒤로만 움직일 수 있으면 1차원이라고 해요. 앞뒤와 좌우로도 움직일 수 있으면 2차원이지요. 여기에 공중으로 오를 수도 있다면 공간은 3차원이 되겠지요.

　만약 친구를 공부 잘하는 아이, 못하는 아이로만 구별한다면 생각이 1차원의 세계에만 머무는 걸지도 몰라요. 머릿속의 생각이 한 편으로만 달리니까요. 생각이 자유로울수록 우리의 차원도 높아질 거예요.

레일에 묶여 한길로만 다녀요.
1차원

땅 위는 어디든 가요.
2차원

하늘까지 날아요.
3차원

초등학생이 가장 궁금해하는 수학상식 24

2차원 양이 3차원 독수리를 보고 기절초풍한 이야기

양이 2차원 동물이라고 한다면, 하늘을 나는 독수리는 3차원 동물이라고 할 수 있어요. 양은 땅 위 평면에서만 이리저리 왔다 갔다 할 수 있지만, 독수리는 날 수 있으니까요.

양들은 새끼를 보호하기 위해 평면 위에 든든한 울타리를 쳐 놓았어요. 늑대가 못 들어오게요. 그런데 어느 날, 갑자기 하늘에서 독수리가 내려와 새끼 양을 낚아 채 간 거예요. 양들은 느닷없이 하늘에서 내려온 3차원 독수리에 기절초풍을 했어요. 양들의 머릿속에는 공중이란 건 없었으니까요.

평면 위 2차원 세계에 사는 양들은 아마 영원히 3차원 세계의 독수리를 이해하지 못할 거예요. 알 수 없는 세계의 외계인쯤으로 생각할지도 모르지요.

직선은 1차원, 면은 2차원, 다면체는 3차원이에요.

150 · 알쏭달쏭 수학 이야기 30

3차원에 살면서 4차원 생각하기

우리는 가로, 세로에 높이까지 더한 3차원의 공간에 살고 있어요.

사람들은 여기에 새로운 차원 '시간'을 덧붙여서 4차원의 세계를 상상하지요. 예를 들면, 감옥에 갇힌 억울한 죄수를 탈출시켜 봐요. 죄수가 갇힌 감옥이 지어지기 전의 시간으로 되돌리는 거예요. 그러면 죄수는 감쪽같이 자유로운 몸이 되겠지요?

3차원에 시간이 아닌 새로운 '공간'을 덧붙여 4차원을 만들기도 해요. 그렇게 나온 게 아래 그림 4차원의 초입체랍니다.

이렇게 인간의 4차원에 대한 상상은 재미에 그치지 않고 꾸준한 연구로 이어지고 있답니다.

에셔가 그린 4차원 세계를 볼까요. 그곳에서는 사람이 안에 있는 것 같으면서 밖에 있어요. 4차원의 공간은 3차원에 사는 우리는 이해할 수 없는 공간이지요.

4차원과 순환, 에셔

그림 속의 계단을 따라가 봐! 네가 건물 안에 있는 것 같니? 밖에 있는 것 같니?

25. 수학의 성질

중요한 부분만 그리면 돼!

　미술 시간의 일이었지요. 선생님은 오늘 추상화를 그릴 거라고 했어요.

　우리들은 학교 뒷산에 올랐어요. 뒷산에는 감나무가 아주 많답니다. 가을이라 노랗게 익은 감이 주렁주렁 열려 있는 게 보였어요. 선생님은 자기가 그리고 싶은 것을 맘껏 그리라고 말했어요. 단, 추상화니까 눈으로 보는 거랑 똑같이 자세히 그리지 않아도 된대요.

　나는 굵은 미술연필을 사각거리며 얼른 밑그림을 그렸답니다. 마침 감나무 아래 토끼 두 마리가 머리를 맞대고 뭘 먹나 봐요. 그 모습이 귀여워서 그 녀석들도 그려 넣었지요. 난 좀 손이 빠른 편이라 쓱싹쓱싹 밑그림을 금방 다 그렸어요.

　내가 그린 그림 한번 볼래요?

　선생님은 숲 사이를 왔다 갔다 하며 친구들이 그린 그림을 보고 있었어요. 그러다 가까

이 오셔서 제 그림도 보았지요.

"수리는 밑그림 벌써 다 그렸니?"

선생님이 스케치북 쪽으로 고개를 삐딱하게 꺾으며 말했어요.

"음, 잘 그렸어. 그런데 수리야, 지금보다 더 단순하게 그려 보렴. 감나무와 토끼에게 붙어 있는 군더더기를 없애 봐."

그래서 나는 그림을 고치기 시작했어요. 먼저 그린 그림을 지우개로 죽죽 지웠어요. 그리고 울퉁불퉁한 나무는 동그라미로 고치고, 뚱뚱한 나무기둥도 막대기 하나로 쭉 내리 그렸지요.

토끼도 동그라미 두 개에 귀만 삐죽 나오게 하고요. 제가 다시 그린 거 한번 보세요. 얼마나 간단한지. 미술시간마다 추상화만 그리

라면 정말 좋겠어요. 이쯤 되니 친구들도 거의 다 밑그림을 그렸나 봐요. 선생님은 몇 아이에게 "더 단순하게 해요." 하더니, 고개를 번쩍 들고 큰 소리로 반 친구들에게 말했어요.

"얘들아, 겉치레는 필요 없어. 추상화는 대상의 알짜를 그리는 거야."

나는 그 말을 듣고 내 스케치북을 다시 들여다봤지요. 감나무에서 알짜는 뭘까? 토끼에서 알짜는 뭐지? 나는 생각하다가 밑그림을 다음과 같이 그렸답니다.

선생님은 제 그림을 보고 입을 크게 벌린 채 말했어요.

"그래, 바로 이거야. 넌 추상화를 잘 그리니까 수학도 잘할 거야. 수학이야말로 사람이 생각해 낼 수 있는 추상이 가장 잘 정리된 학문이거든."

난 그게 무슨 말인지 잘 모르겠어요. 그렇지만 수학은 알짜를 중요하게 여기는 만큼 수학을 잘 하려면 무엇이든 알짜부터 찾아야겠다는 생각을 하게 되었지요.

한 걸음 더

군더더기는 다 버리는 수학

인류는 어떻게 수를 생각해 냈을까요? 그것은 사물에 공통되는 성질만 남기고 군더더기를 다 버렸기 때문이에요.

그것은 우리가 슈퍼마켓에서 과자나 장난감을 사면, 계산대 점원은 물건에는 관심 없고 물건의 값만 뽑아서 우리에게 얼마라고 알려주는 것과 같아요. 이렇게 사물의 공통점에 관심을 갖는 것을 '추상한다.'고 해요. 말하자면 수학은 추상적인 학문이랍니다.

칸딘스키의 추상화, 구성8, 1923

칸딘스키는 추상 창조의 선구자로 불리는데, 그는 자연의 껍데기는 버리고 자연의 법칙을 느끼는 대로 그렸다고 해요. 어쩐지 수학과 추상화는 닮은 것 같지요?

수학은 뜻을 분명히 하고 시작해요

영희와 철민이가 '점'에 대해 이야기를 하고 있어요. 그런데 이야기가 자꾸 어긋나서 대화가 되지 않아요. 왜 그럴까 했더니, 영희는 얼굴에 난 '점'에 관해 이야기하고, 철민이는 미래를 점치는 '점'에 대해 이야기했던 거예요.

뜻을 분명히 하는 것을 '정의한다.'고 해요. 대화뿐 아니라 수학에서도 처음 시작은 '정의'로 하지요. 정의를 하고 나서야 비로소 말이 통하니까요.

'한 내각의 크기가 직각인 삼각형을 직각삼각형이라 한다.' 라는 직각삼각형의 정의처럼 말이에요.

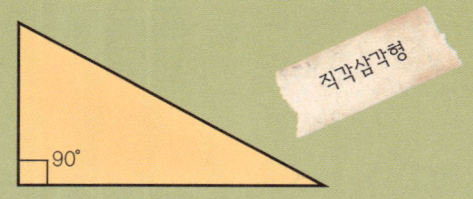

산수와 수학의 차이는 무엇일까요?

산수는 낱낱의 사실을 다루고, 수학은 일반적인 법칙을 다뤄요.

예를 들어 산수에서는 2+3=5, 3+2=5처럼 계산하는 것을 배우지요. 하지만 수학에서는 계산의 결과보다 '두 수를 a와 b라고 할 때, a+b와 b+a는 항상 같다.'는 '법칙'에 관심을 가진답니다. 이것이 산수와 수학의 큰 차이점이에요.

> 수학의 정의는 명쾌하게 내려져요.

형사 콜롬보와 '꼼짝 마, 딱 걸렸어!' - 증명

형사 콜롬보 하면 떠오르는 게 뭘까요?

버버리코트를 입고 꾀죄죄한 모습에 뭔가 골똘하게 생각에 빠진 표정인가요? 동시에 범죄 상황을 요리조리 따지고 부지런히 물증을 모으는 모습도 빼놓을 수 없을 거예요.

뭐니 뭐니 해도 가장 인상 깊은 것은 그렇게 모은 확실한 증거를 들이대며 범인을 꼼짝못하게 하는 장면이지요.

형사 콜롬보의 이런 명쾌한 추리는 수학의 증명 과정과 똑같답니다. 억지를 부리거나 큰 소리를 내지 않고 부드럽고 조용한 말투로 상대방을 두 손 들게 하지요. 이런 서구인들의 관습은 고대 그리스부터 있었어요. 바로 기원전 4세기 유클리드의 기하학에서처럼 말이지요.

수학을 싫어하는 친구들도 탐정 영화나 추리 소설을 좋아한다면 수학을 다시 한 번 보세요.

증명의 재미를 알면 수학에서 쉽게 떨어지지 못할걸요?

> 추리력을 가지고 사건을 해결하는 것은 수학의 원리를 증명하는 것과 같다고 할 수 있어요.

26. 신비의 마방진

마방진을 등에 지게 된 거북

까마득히 오래전, 아주 먼 옛날에 있었던 일이랍니다. 거북 왕자에게는 사흘 뒤면 결혼할 약혼녀가 있었어요. 그런데 즐거워야 할 왕자는 오히려 깊은 슬픔에 빠져 있었지요. 왕자와 결혼할 거북 공주가 커다란 독수리에게 붙들려 산 너머 어두운 골짜기로 끌려갔기 때문이에요.

슬픔에 빠져 있던 왕자는 신부를 구하기로 결심했어요.

"그래, 이렇게 슬픔에만 잠겨 있을 때가 아냐. 사랑하는 공주를 내 손으로 구하고 말 거야."

이렇게 결심하자 거북 왕자는 힘과 용기가 불끈 솟구치는 것 같았어요. 거북 왕자가 신부를 구하러 바닷속 용궁을 떠나던 날, 용궁에 사는 식구들과 바다 동물들이 왕자를 배웅하며 무사히 돌아오기를 빌었어요. 4천 년이나 산 거북 할아버지도 배웅을 나왔지요.

"잘 다녀와라. 그리고 이건 위급할 때 쓰도록 해라."

할아버지가 왕자에게 건네준 건 마방진이었어요. 언제부터인지는 모르지만,

마방진에는 나쁜 일을 막아 주는 신비한 힘이 있다고 전해져 왔어요. 모양은 가로 세로 각 세 칸 해서 모두 아홉 칸의 네모 안에 숫자가 담겨져 있지요. 숫자는 가로, 세로, 대각선 어디로 더해도 모두 15가 되었답니다.

정말 신기하지요? 거북 왕자는 신비한 힘을 준다는 마방진까지 얻었으니 정말 두려울 게 없었어요. 바닷속을 헤엄쳐 바닷가에 닿을 때까지는 아무 어려움이 없었어요.

그런데 육지에 올라와서 꽤 많이 걸었다 싶어 머리를 들면 산은 아직 저 멀리에 있었지요. 거북 공주가 잡혀 간 곳은 생각보다 아주 멀었답니다. 거북 왕자는 지루함을 달래려고 조개껍데기에 새겨진 마방진을 꺼냈어요.

"사, 구, 이(4+9+2)……, 삼, 오, 칠(3+5+7)……, 야, 진짜 어디로 더해도 15가 되는걸."

왕자는 느린 걸음이지만 약혼녀가 갇힌 성으로 열심히 달렸어요.

마침내 성 앞에 다다른 왕자는 공주를 불렀어요.

"나의 아름다운 공주여, 살아 있소? 대답 좀 해 주오."

"왕자님! 여기요, 여기예요."

공주가 성 꼭대기 뾰족한 방에서 왕자를 애타게 불렀어요.

그때였어요. 왕자의 머리 위가 한 순간 어두워지더니, 커다란 매가 성곽에 내려와 앉았지요.

"공주를 데려가려고? 어림없는 소리!"

매가 커다란 날개를 펼치며 날아오르더니 다시 쏜살같이 내려오며 왕자를 덮치려 했어요. 그 순간 거북 왕자는 마방진을 찾았지요.

그런데 어찌된 일일까요? 아무리 찾아도 마방진이 없는 거예요. 아마 들고 오다가 길에 흘린 모양이에요. 왕자는 어쩔 수 없이 마방진을 직접 그리기로 했어요. 그 신비의 수만 써 놓으며 되니까요.

거북 왕자의 손과 머리가 재빨리 움직였어요. 그런데 마지막 칸의 숫자를 쓰려는 찰나였지요. 뾰족 탑에서 약혼녀의 찢어지는 듯한 목소리가 들렸어요.

"왕자님, 위험해요!"

매는 어찌나 빠른지 눈 깜짝할 새에 왕자의 몸통을 들고 하늘로 날아올랐답니다.

"미안하오, 공주. 지켜 주지 못해서."

거북 왕자가 공주에게 말했어요. 결국 매는 거북 한 쌍을 통째로 잡아먹어 버렸답니다. 거북 왕자는 죽어 가면서 이렇게 빌었어요.

"다시 태어나면 꼭 마방진을 등딱지 위에 붙이고 태어나게 해 주세요. 다시는 마방진을 잃어버리지 않게……."

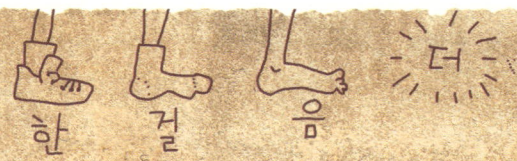

거북 등에 새겨진 마방진

약 4000년 전 중국 하나라의 우왕이 황하가 넘치는 것을 막으려고 제방 공사를 할 때였어요. 강 한복판에 큰 거북이 나타났지요. 잡아 보니 그 거북의 등에는 신비한 무늬가 그려져 있었는데, 그 거북이 나온 이후로 홍수가 그쳤다고 해요. 그 거북 등의 무늬가 바로 마방진의 기원이에요. 숫자로 바꾸면 다음 표와 같지요.

8	1	6
3	5	7
4	9	2

마방진

이 수는 가로, 세로, 대각선 어느 방향으로 더해도 모두 합이 15가 되어, 사람들은 이것을 신비하고 귀하게 여겼답니다.

거북 등에 새겨진 무늬를 보고 마방진을 만들었어요.

초등학생이 가장 궁금해하는 수학상식 26

마방진의 신비한 전설

마방진(魔方陳)의 방(方)은 정사각형, 진(陳)은 나열한다는 뜻이에요. 마법진이라고도 하는데 유럽에서는 마법의 네모 칸(magic square)이라고 부르지요.

마방진은 인도, 페르시아, 아라비아의 상인들에 의해 서아시아, 남아시아에 전해졌어요.

유럽에 전해진 것은 16세기에 독일인 뒤러가 동판화 '멜랑콜리아'에 마방진을 그린 것이 계기가 되었지요. 유럽 사람들도 마방진에 신비한 힘이 있다고 여겼어요. 마방진이 그려진 패를 목에 걸고 다니면 행운이 온다거나 건강에 좋다고 믿었거든요.

멜랑콜리아

동판화 속 오른쪽 벽에 마방진이 보여요.

마방진이 이렇게 발달했어요

사람들은 마방진을 가로, 세로 3줄씩에서 4×4, 5×5, 6×6…… 으로 방진을 점점 크게 늘여 갔어요. 중국 송나라, 원나라 시대에는 마방진의 여러 모습을 연구했답니다.

최성진이 만든
마방진

그래서 홀수 마방진(3×3, 5×5, 7×7,……)과 짝수 마방진(4×4, 6×6, 8×8,……)을 쉽게 만드는 방법을 알아냈어요.

또 조선 시대 숙종 때 영의정을 지낸 최석정(1646~1717년)은 절묘한 마방진을 창안했어요. 이것은 수학 공식으로도 만들 수 없고, 이제까지 한 번도 만들어진 적이 없는 마방진이랍니다.

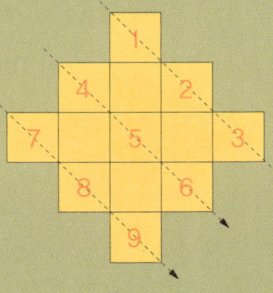

4	9	2
3	5	7
8	1	6

홀수 마방진을 쉽게 만드는 방법은 비스듬히 수를 쓰고 밖에 나온 수를 상대쪽 빈칸에 넣으면 돼요.

1	2	3	4
5	6	7	8
9	10	11	12
13	14	15	16

16	15	14	13
12	11	10	9
8	7	6	5
4	3	2	1

16	2	3	13
5	11	10	8
9	7	6	12
4	14	15	1

짝수 마방진을 쉽게 만드는 방법은 대각선 수의 순서만 바꾸면 돼요.

마방진을 등에 지게 된 거북 · 163

27. 분수와 소수

사과를 똑같이 나눠 먹으렴!

"찍찍찍찍."

엄마 쥐가 사과를 물어 왔다고 아기 쥐들에게 알리는 소리예요. 엄마 쥐는 아기 쥐들에게 사과를 주면서 이렇게 말했어요.

"이 사과 하나를 너희 셋이서 똑같이 나누어 먹어야 한다. 알았지?"

그러고는 과일을 더 구해 오겠다고 하면서 다시 굴 밖으로 나갔어요. 아기 쥐들은 사과 하나를 가운데 두고 빙 둘러 앉았어요.

아기 쥐들은 처음으로 자기들끼리 먹을 걸 나누게 되자 잠시 생각할 시간이 필요했어요.

"야, 칼 가져와 봐."

맏형 쥐가 동생 쥐들에게 큰 소리로 말했어요. 그 동안 엄마가 나눠 주는 걸 가장 많이 봐 왔기 때문에 사과를 나누는 것도 별문제 없을 것 같았지요.

셋째인 막내 쥐가 칼을 가지러 냉큼 사라졌어요. 첫째 쥐는 빨갛게 빛나는 사과를 보고 있자니 옛날 생각이 났어요.

'기껏 사과 하나를 가지고 나누어야 하다니……. 동생들만 아니면

나눌 필요가 없을 텐데…….'

둘째 쥐도 먹음직스런 사과를 보면서 이런 생각이 들었지요.

'어휴, 막내가 태어난 뒤로 나누기가 너무 힘들어. 옛날엔 딱 반으로 나누면 끝이었는데.'

막내가 재빨리 돌아왔어요. 군침을 삼키며 형들에게 얼른 사과를 나눠 달라고 했지요.

'난 다른 애들보다 좀 많이 먹고 싶어. 그러면 둘째가 난리 칠 테니, 둘째 것은 막내 것보다 조금 더 주자.'

사과가 세 조각이 났어요. 그런데 하나는 아주 크고, 하나는 아주 작고, 하나는 어중간한 크기예요. 그 순간 둘째가 욕심을 부렸어요.

"큰 거 내가 먹을래."

"그렇게는 안 되지. 내가 형이니까 큰 건 내 거야."

첫째가 완강하게 버텼지요. 막내는 중간 것이라도 차지하려고 형들 틈을 비집고 들어갔어요. 그 바람에 사과는 튕겨나가고 난장판이 되었답니다.

"그만들 둬라."

언제 돌아왔는지 엄마 쥐가 호통을 쳤어요.

"너희는 아직도 사과 하나 제대로 나누지 못하니?"

엄마가 쟁반을 들여다보았어요.

"3분의 1도 몰라? 하나를 셋으로 나누되 나눈 크기가 똑같아야지. 이렇게 크기가 다르면 3분의 1씩 먹을 수 없잖아."

그러면서 엄마는 칼로 제일 작은 조각에 맞춰 사과를 잘랐어요.

"자, 6등분을 했다. 사과를 여섯 조각으로 나눈 거야."

"엄마, 우리는 여섯 명이 아니에요. 겨우 세 명이라고요."

"알아요. 하지만 이렇게 두 조각씩 먹으면, 셋이 똑같은 양을 먹을 수 있잖아."

"어라? 그렇군요!"

아기 쥐들은 엄마의 신기한 솜씨에 입을 다물지 못했어요.

"그렇게 멍하니 있지 말고, 어서들 먹어. 제발 싸우지 좀 말고! 너희들 나누기는 언제 제대로 하고, 언제 철들래?"

엄마는 아기 쥐들이 어서 많이 먹고, 지혜도 마음 씀씀이도 얼른 어른이 되길 바랐어요.

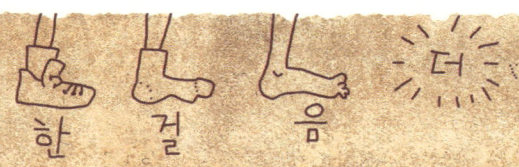

분수는 언제부터 썼을까요?

처음 분수를 사용한 사람들은 기원전 1800년경의 이집트 사람들이에요.
분수는 온전한 하나를 여럿이 나누기 위해서 생겨났어요. 수박 하나를 2명, 3명이 골고루 나누는 것처럼 말이에요. 분수는 0과 1 사이에 있는 수랍니다. 아무것도 없는 것보다는 크고, 온전한 하나보다는 작은 수이니까요.
수박을 조각조각 나눈 것 중, 한 조각을 분수라고 생각하면 이 말을 이해하기 쉽겠지요?

파피루스

린드 파피루스(아메스 파피루스)는 이집트의 수학 입문서라고 할 수 있어요. 아래쪽을 자세히 보면 분수가 보여요.

분수와 대응되는 소수는 어떻게 태어났을까요?

분수 2분의 1은 소수 0.5와 같아요. 하지만 분수가 태어난 이유와 소수가 태어난 이유는 달랐답니다. 분수가 몫을 나누기 위해 생겼다면, 소수는 물건의 길이를 재거나 양을 알아내려고 생겼어요.

소수를 발명한 사람은 벨기에의 수학자 스테빈(1548~1620년)이에요. 당시는 사회 생활이 복잡해지고, 경제가 발달하면서 작은 차이도 세밀하게 따지게 된 것이지요.

이집트에서 분수를 쓴 지 약 3000년 뒤에나 소수를 쓰기 시작했으니, 사람들은 정확히 재는 일보다는 물건을 나누는 일에 관심이 더 많았나 봐요.

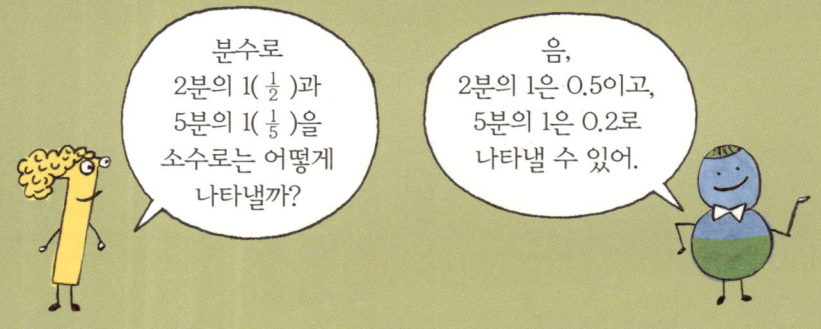

이집트 사람이 사용한 특이한 분수

이집트 사람이 분수를 썼다는 사실을 알게 된 지는 얼마 되지 않았어요.
지금부터 약 260여 년 전 영국의 탐험가 린드가 이집트에서 이상한 서류를 발견하면서 알게 되었거든요.

그 이상한 서류는 파피루스인데, 이집트 수학자 아메스가 쓴 책이었어요. 이것을 '린드 파피루스' 또는 '아메스 파피루스'라고 불러요. 여기에 이집트 사람이 사용한 분수가 나와요.

그런데 재미있게도 이집트 사람들은 분자가 1인 분수들만 사용했어요. 당시의 이집트 사람은 '분자'라는 걸 몰랐기 때문이지요. 단지, 3분의 2만 제외하고요.

28. 완전수 (수의 비밀)

6은 완벽해!

6과 9와 12는 친구 사이였어요. 공부할 때도, 놀 때도, 밥 먹을 때도 늘 셋이 붙어 다녀 삼총사라고 불리기도 했답니다.

하지만 늘 사이가 좋은 건 아니었어요.

6이랑 9는 서로 닮은 점이 많았어요.

"야, 너랑 나랑 둘 중에 한 명이 물구나무를 서면 우린 쌍둥이 같아 보일 거야."

둘은 장난기가 발동했어요. 저쪽에서 12가 오는 게 보였지요. 그러자 9가 물구나무를 섰어요. 그리고 6 옆으로 가 바짝 붙었어요.

"어? 66 아저씨, 여기 있던 6과 9 못 보셨어요? 조금 전까지 있었는데……."

"에헴, 모르겠는걸."

12가 당황하는 모습을 보고 9가 물구나무를 풀었어요.

"하하하, 우리 보고 66 아저씨래. 감쪽같이 속았지, 12야."

"뭐야? 나를 속였어. 나쁜 녀석들!"

12는 자기가 셋 중에 가장 나이가 많은데 놀림을 당하니 분한 생각이 들었어요.

'이 녀석들을 어떻게 골려 줄까?'

12는 궁리를 해 보았지만 당장 좋은 답이 떠오르지 않았어요.

다음 날, 학교에 가니 선생님이 내일은 신체검사 날이라고 했어요. 그 말을 들은 12는 속으로 쾌재를 불렀답니다.

12는 하늘도 자기의 심정을 알고, 이런 기회를 준 것 같아 기뻤어요.

다음 날은 아침부터 교실마다 시끌시끌했답니다. 12는 아침부터 약간 흥분되었어요. 드디어 앞줄에 섰던 9가 몸무게를 재는 저울에 올라갔지요.

"어디 보자. 9는 1×9와 3×3으로 곱해지니까, 약수가 1, 3, 9구나. 그럼, 어디 신체충실지수를 볼까? 자기 자신과 같은 수 9를 뺀 나머지, 즉 1과 3을 더하면 4네! 9는 몸이 약한 걸? 몸은 9인데 4밖에 안 되는구나. 9야, 더 많이 먹고 운동해야겠다. 자, 적어요. 9는 부족수!"

'킥킥, 역시 9는 나보다 약해.'

9 뒤에 서 있던 12는 자신만만하게 저울로 올라갔어요.

"어디, 12는 1×12, 2×6, 3×4로 곱해지니까, 약수가 1, 2, 3, 4, 6, 12로구나. 12의 신체충실지수는? 음, 자신과 같은 수 12를 빼고 1, 2, 3, 4, 6을 더하면 16. 아이고, 12야! 넌 몸무게가 너무 많구나. 12는 과잉수!"

건강하다고 칭찬을 들을 줄 알았던 12는 실망이 이만저만 아니었어요. 다음으로 6이 저울 위에 올랐어요.

"6은 1×6, 2×3으로 곱할 수 있지. 그래서 약수는 1, 2, 3, 6. 신체충실지수는 6을 빼고 1, 2, 3을 더하면 6. 오호, 6을 봐요. 6은 6 그대로 나왔단다. 이런 숫자가 가장 건강하단다. 6은 완전수!"

12는 6이 얄미웠어요. 제일 부실할 줄 알았던 6이 제일 건강하다니…….

선생님의 판정을 들은 6은 엉덩이를 살랑거리며 좋다고 까불었어요. 그러자 선생님이 이렇게 한 마디를 했어요.

"완전수라고 너무 좋아하지 말거라. 완전수면 완전수답게 몸에 때 좀 밀고 오지 그랬니? 까마귀가 형님이라고 부르겠다, 6아."

그래도 6은 좋다고 손가락으로 V자를 그리며 뛰어다녔답니다.

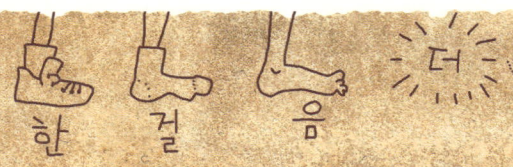

어떤 수가 완전수일까요?

자연수 가운데에서 어떤 수의 약수 가운데 자신을 제외한 수들의 합이 자신이 되는 수를 완전수라고 해요.

예를 들어 볼까요? 6의 약수는 1, 2, 3, 6이에요. 이 가운데 자신인 6 이외의 수인 1, 2, 3을 더하면 합이 도로 6이 되지요. 따라서 6은 완전수예요. 28도 약수 1, 2, 4, 7, 14를 더하면 28이 되어 완전수이지요.

완전수는 이런 성질 말고도 또 다른 성질이 있어요. 이런 성질은 피타고라스 학파가 알아냈지요. 그 가운데 하나가 완전수는 항상 연속되는 숫자의 합으로 나타난다는 것이지요. 아래의 제시된 완전수의 분해도를 보면 알 수 있지요.

$$6 = 1 + 2 + 3$$
$$28 = 1 + 2 + 3 + 4 + 5 + 6 + 7$$
$$496 = 1 + 2 + 3 + 4 + 5 + 6 + 7 + 8 + 9 + \cdots + 30 + 31$$
$$8128 = 1 + 2 + 3 + 4 + 5 + 6 + 7 + 8 + 9 + \cdots + 126 + 127$$

완전수 8128은 1부터 127까지의 자연수를 모두 더하면 자신과 같은 8128이 되어요. 역시 완전수이지요.

완전수에 담긴 믿음

피타고라스 학파는 6과 28이 완전한 수라고 믿었어요. 그래서 정육면체를 이루는 여섯 면이 안정된 건물을 이루는 것이라고 생각했지요.

그래서 사람들은 신은 6일 동안에 천지를 창조했고, 28살에 결혼을 하면 평생 길하다고 믿기도 했어요.

성 아우구스티누스는 '신은 이 세상을 한 순간에 창조할 수도 있었지만 우주의 완전함을 계시하려고 일부러 6일이나 시간을 끌었다.'고 했어요. 아우구스티누스도 6이라는 숫자가 '신이 선택했기 때문에' 완전한 것이 아니라, 원래부터 완전한 수라고 생각한 것이지요.

정육면체
플라톤은 가장 안정된 원소인 흙은 정육면체라고 생각했어요.

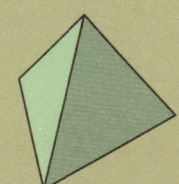

정사면체
가장 가볍고 날카로운 원소인 불은 정사면체라고 생각했어요.

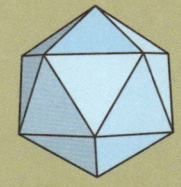

정이십면체
가장 활동적이고 흐르는 원소인 물은 가장 쉽게 구를 수 있는 정이십면체라고 생각했어요.

정팔면체
엄지와 검지로 마주 보는 꼭짓점을 가볍게 잡고 입으로 바람을 불어 쉽게 돌릴 수 있으므로 공기는 정팔면체라고 생각했어요.

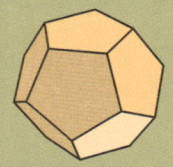

정십이면체
정십이면체는 우주 전체의 형태를 나타낸다고 여겼어요.

완전수라는 이름을 붙여준 유클리드

6이나 28을 신성한 수라고는 여겼지만 이 숫자들에 '완전수'라는 이름을 붙인 사람은 유클리드예요.

유클리드는 완전수에 대해 흥미를 느껴 연구를 한 결과, 완전수를 얻는 공식까지 얻었답니다. 무작정 차례로 수의 약수를 따지고, 합해 보지 않아도 완전수를 얻게 된 것이지요.

한낱 미신이나 흥밋거리에 지나지 않았던 숫자를 이론과 증명으로 밝힌 것을 보면, 유클리드야말로 진정한 수학자였다고 할 수 있겠지요?

완전수 1번째	6
완전수 2번째	28
완전수 3번째	496
완전수 4번째	8128
완전수 5번째	33550336
완전수 6번째	8589869056
완전수 7번째	137438691328
완전수 8번째	2305843008139952128
완전수 9번째	2658455991569831744654261595384 2176

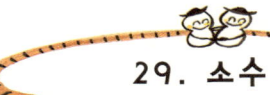

29. 소수

더 이상 나눠지지 않아!

어느 날, 연수가 주방으로 가 보니 엄마가 맛있는 빵을 만들고 있었어요.

"연수야, 이리 와서 엄마 좀 도와주렴."

연수는 그렇지 않아도 공부하느라 좀이 쑤셨는데, 요리를 한다니 잘됐다 싶었어요.

"뭐부터 할까요, 엄마?"

연수가 살갑게 물었지요.

"베란다에 가면 밀가루 통들이 있을 거야. 가서 자연수 통에서 자연수 좀 퍼올래?"

연수는 생각했어요.

'역시 엄마는 나를 사랑하셔. 내가 제일 좋아하는 가루로 빵을 반죽해 주신다니까.'

연수는 자연수 가루를 한 바가지 가득 퍼 들고 왔어요.

"가져 왔니? 저기 에라토스테네스의 체 보이지? 그것 가져다가 자연수 가루를 체에 거르렴."

연수는 그 동안 엄마가 만들어 주신 빵만 먹었기 때문에 손수 빵을

만들려고 하니 느낌이 새로웠어요. 체를 가져다가 가루를 위에 부었답니다. 체 위로 1, 2, 3, 4, 5, 6, 7, 8…… 수많은 가루가 알알이 떨어졌어요.

연수는 체를 흔들흔들 하면서 가루가 곱게 아래로 떨어지게 했어요. 그런데 아무리 흔들어 보아도 아래로 떨어지지 않는 가루가 있었어요.

"엄마, 가루가 뭉쳐서 안 떨어져요."

"그럼, 절구 가져다가 빻아서 다시 체에 쳐 봐."

절구에 5, 6, 7, 9, 11, 14, 17을 넣고 콩콩 빻기 시작했어요. 6은 1, 2, 3, 6으로 부서져 가루가 됐지요. 9도 1, 3, 9로 바스러졌고요. 14도 1, 2, 7, 14로 깨졌어요. 하지만 더 잘게 부서지지 않는 게 있었어요. 2, 3, 5, 7, 11, 17은 아무리 빻아도 팔만 아프지 더 이상 쪼개지지 않았답니다.

"엄마, 더 이상은 도저히 안 돼요."

"그럼 된 거야. 그만 빻고 가루를 체에 한 번 더 쳐라."

연수가 체를 치자, 아래로 4, 6, 8, 9, 10, 12, 14, 15, 16, 18, 20, 21, 22가 떨어졌어요.

"잘 했어. 엄마가 떨어진 가루에 물을 붓고 반죽을 할 테니, 넌 체에 걸러진 가루를 기름에 좀 볶아라."

연수는 1, 2, 3, 5, 7, 11, 13, 17, 19, 23을 후라이팬에 넣고 달달 볶았어요.

"어머, 연수야, 1은 빼야 돼. 1은 툭하면 자기가 소수인 줄 안다니까. 이리 줘라, 반죽에 넣게."

엄마는 이렇게 말하며 1을 반죽에 넣고 다른 가루들과 치댔어요.

반죽을 끝내고 엄마는 그걸 따뜻한 곳에 두었어요. 부풀어 오르게 하는 거래요. 체에 걸러 반죽한 숫자들은 자꾸자꾸 부풀었어요. 적당히 부풀자 반죽 모양을 예쁘게 만들어 빵 모양을 내고, 그 위에 연수가 볶은 '소수'를 양념 삼아 쳤죠.

"자연수 빵에 이 소수가 빠지면 절대 맛이 안 나지."

양념 치는 연수를 보고, 엄마가 한마디 했어요.

음, 맛있는 냄새.

오늘도 연수는 제일 좋아하는 자연수 빵을 먹게 될 거 같네요.

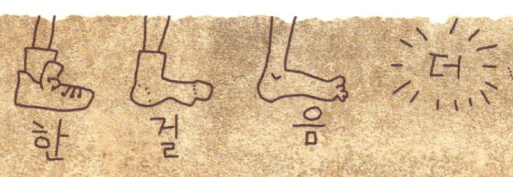

쪼개지지 않는 고집쟁이 소수

1과 그 자신으로밖에 나누어지지 않는 수를 소수라고 해요.

즉, 소수는 다른 수로 쪼개질 수 없는 수예요. 소수는 이렇게 똘똘 뭉친 매력이 있지요.

예로부터 많은 사람들은 소수의 이런 단출함과 손에 잡힐 듯하면서 잡히지 않는 고집스러운 면에 홀딱 반했어요.

소수는 흥미롭지만 소수를 구하기는 꽤 어려웠거든요.

에라토스테네스의 체로 소수를 걸러내요

수가 커지면 어떤 수가 소수인지 알아보기가 쉽지 않아요. 소수를 찾는 쉬운 방법이 없을까요? 그렇다면, 에라토스테네스의 체를 써 보세요.

먼저 2부터 시작해 자연수를 차례로 써요. 그리고 2 이외의 2의 배수, 3 이외의 3의 배수, 4 이외의 4의 배수의 순서로 수를 지워 나가는 거예요. 그러면 체로 친 것처럼 남는 수가 있어요. 이 수가 바로 소수랍니다. 이렇게 소수를 찾는 방법을 '에라토스테네스의 체'라고 해요.

에라토스테네스의 체

오른쪽의 숫자는 에라토스테네스의 체로 120까지 걸러낸 소수들이에요.

소수는 암호를 만드는 데 요긴하게 쓰여요

은행에 가서 통장을 만들어 본 적이 있나요? 아니면 컴퓨터로 전자 우편을 주고받은 적은요? 예금을 찾을 때나, 전자 우편을 열어볼 때 모두 비밀번호가 필요하지요. 이런 암호는 기억이나 국가의 활동 또는 전쟁 중에도 꼭 필요해요.

전에는 숫자나 글자를 적당히 섞어서 암호를 만들었어요. 하지만 암호 해득률이 높아지면서 남들이 풀 수 없는 암호를 만드는 일이 중요해졌지요. 암호는 숫자를 소인수분해하여 풀어내는데, 요즘은 컴퓨터를 쓰면 수십 자리 수도 몇 분 걸리지 않아 풀려요. 하지만 백 자리의 '소수' 둘을 곱하여 만들어진 암호는 어떨까요?

이런 수는 원래의 두 소수를 알아야 암호를 풀 수 있기 때문에 컴퓨터도 무척 오랜 시간이 필요해요. 몇 년 만에 소인수분해를 해서 암호를 풀었대도 그때는 이미 소용없는 일이 되겠지요? 이렇게 소수는 암호에 요긴하게 쓰인답니다. 암호 해독 기구를 '블랙체임버'라고 불러요.

미국 국무부와 육군성에서 근무한 H. 야드레이가 1931년에 쓴 책 《미국의 블랙체임버》에서 자신이 해온 암호의 해독 작업 내용을 공개한 뒤부터 그렇게 부른답니다.

30. 위상기하학

같은 모양을 찾아 나선 고무줄

어느 외딴 섬에 두 고무줄이 살고 있었어요. 그런데 둘은 성격 차이가 심했어요. 어찌나 안 맞던지 만나기만 하면 싸웠지요.

"너랑 나랑은 이름만 고무줄이지 정말 달라도 너무 달라."

"나도 네가 항상 남 같아."

이 둘은 오래전 배가 난파되는 통에 파도에 쓸려 여기까지 오게 된 거랍니다. 처음엔 서로 고무줄이라는 사실을 확인하고 얼마나 반가웠는지 몰라요. 낯선 곳에서는 그런 비슷한 점

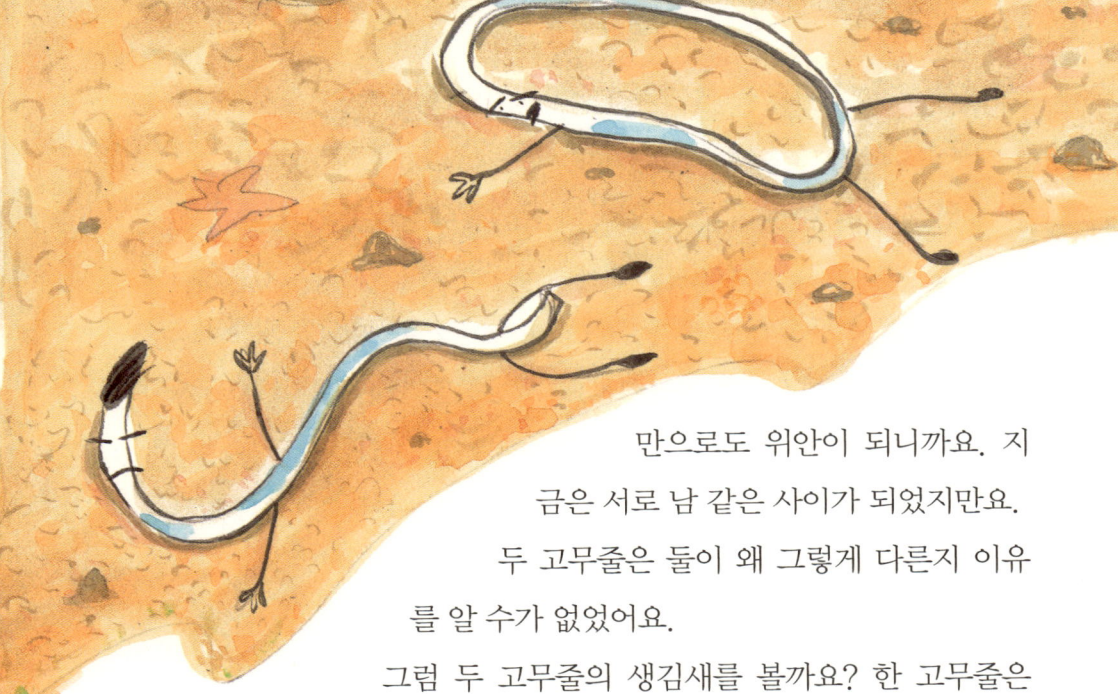

만으로도 위안이 되니까요. 지금은 서로 남 같은 사이가 되었지만요.

두 고무줄은 둘이 왜 그렇게 다른지 이유를 알 수가 없었어요.

그럼 두 고무줄의 생김새를 볼까요? 한 고무줄은 동그란 원을 만들고 있어요. 또 다른 고무줄은 이어지지 않고 한 줄로 쭉 뻗어 있답니다. 이 차이가 그다지도 큰 것일까요?

그날 밤, 이 섬에 가느다란 실과 찌그러진 철사가 밀려 왔답니다.

다음 날 아침에 해가 높이 뜨자, 이어진 고무줄과 쭉 뻗은 고무줄은 바닷가로 산책을 나갔어요.

어? 그런데 거기엔 긴 실과 찌그러졌지만 예전엔 동그랬을 철사가 누워 있지 뭐예요.

이어진 고무줄은 찌그러진 철사를 보고 '드디어, 나와 같은 이를 만났어.' 라고 가슴 깊이 느꼈어요.

쭉 뻗은 고무줄도 기다란 실을 보자 쓰러져 있는 실에게 바로 달려

같은 모양을 찾아 나선 고무줄 · 183

갔지요.

"내가 그 동안 기다린 건 바로 너야."

고무줄들은 자기 상대를 끌어안아 일으켰어요. 이 두 고무줄은 전에 없던 감정을 느끼고, 자기와 같은 모습에서 서로 편안함을 느꼈답니다.

그날 이후로 두 고무줄은 상대의 모습에 자기를 똑같이 맞추려고 애썼어요. 그건 얼마든지 가능했지요. 왜냐하면 고무줄이니까요. 자유자재로 늘어났다 줄어들었다, 굽혔다 폈다 할 수 있잖아요.

그러면서 고무줄들은 깨달았어요. 그 동안 왜 이어진 고무줄과 끊어진 고무줄이 서로 다르다고 느꼈는지를 말이에요.

"이어져 있는 것과 끊어진 것은 완전히 다른 도형이었어, 그치?"

"그래, 네 말이 맞아. 그게 이유였어."

외딴 섬에서 그렇게 얼마간의 시간이 흘렀답니다. 그런데 이상한 일이 벌어졌어요. 상대와 너무 똑같은 모습에 싫증이 난 걸까요? 같아서 좋아하던 고무줄들은, 이제는 같아서 재미없다는 이유로 실과 철사와 헤어지기로 마음먹었답니다.

사랑은 참 알 수 없는 것 같아요.

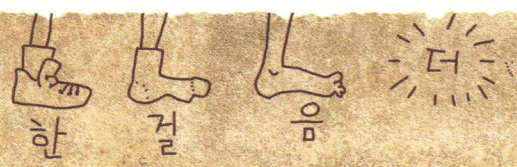

커피잔과 도넛은 같은 모양이래요

위상기하학을 흔히 고무판 위의 기하학이라고 해요.

말랑말랑한 고무판으로 도형을 만들면 얼마든지 도형을 늘이거나 줄일 수 있고, 변형시킬 수도 있어요. 고무로 만든 삼각형이 사각형도 되고, 원도 될 수 있는 것처럼요.

즉, 위상수학에서 보면 삼각형, 사각형, 원은 모두 같은 도형이에요. 아래의 커피잔이 도넛과 같은 도형인 것처럼 말이에요.

커피잔이 도넛으로 변하는 과정을 보세요. 결국 커핏잔과 도넛이 같은 모양이지요?

클라인 병에 물 담기

뫼비우스의 띠 말고도 면이 하나밖에 없는 도형으로 클라인병이 있어요. 이 병을 고안한 사람은 독일의 클라인이란 사람이지요.

1882년에 클라인이 만든 이 4차원 도형은 물을 부을 수가 없어요. 안쪽의 면이 바깥쪽과 연결되어 있기 때문이지요.

클라인병

뫼비우스의 띠

길쭉한 직사각형의 띠를 아래의 사진처럼 180도 비틀어 붙이면, '뫼비우스의 띠'라고 부르는 괴상한 띠가 만들어져요. 이것을 만든 이는 독일의 수학자 뫼비우스예요.

이 띠의 특징은 면이 하나밖에 없다는 거예요. 뫼비우스의 띠에 색연필로 흔적을 남기고 지나가 보

벽에 그려 놓은 뫼비우스의 띠

띠를 한번 꼰 다음, 양 끝을 붙이면 돼요.

세요. 계속 이어가 보면 안과 겉이 하나로 이어지지요. 보통 띠는 안과 겉이 있는데 말이에요. 위상기하학에서는 보통 띠와 뫼비우스의 띠를 다르다고 봐요. 보통 띠는 면이 2개지만, 이것은 면이 1개뿐이기 때문이에요.

끝없이 올라가는 계단

그림 속의 계단을 따라 올라가 보세요.

계단은 한없이 계속 올라갈 거예요. 결코 내려오지도 끝나지도 않는 무한계단이랍니다.

이것은 에셔라는 화가가 그린 그림이에요. 그 동안 사람들은 3차원의 도형을 2차원인 평면 위에 그리는 것을 잘해 왔어요. 바로 투시법이라는 방법을 써서요. 그렇다면 '4차원의 공간을 2차원에 그릴 수 있을까?'도 생각하기 시작했어요.

마침내 사람들은 상상을 현실로 이뤄냈답니다.

인간의 생각하는 힘은 쓰면 쓸수록 무한계단처럼 무한하게 발전하는가 봐요.

무한계단에서의 그림 계속 올라가는 걸까요, 내려가는 걸까요?

에셔의 무한계단

※이 책에 쓰인 사진의 저작권을 표시합니다.

13쪽
잉카 키푸
by Claus Ableiter-i-c

17쪽
수행중인 수도승
by R Barraez D´Lucca-i

19쪽
마야의 숫자
by Rhythm-i-c

25쪽
뉴욕 쌍둥이빌딩
by Benjamin Rossen-i

89쪽
피라미드
by Lyn Gateley-i

91쪽
솔방울의 나선구조
by John Haslam-i
해바라기
by digital cat-i

107쪽
주사위
by fdecomite-i

109쪽
파스칼계산기
by Marcin Wichary-i

137쪽
번개
by Jarrod-i=

138쪽
나비
by The_Gut-i
강줄기
by Frank Kovalchek-i

144쪽
사막의 수많은 모래알
by Hamed Saber-i

24장
기차
by Robert Taylor-i
자동차
by David Hall-i

161쪽
거북이등
by turtlemom4bacon-i-c

186쪽
뫼비우스의 띠
by Jennifer Dickert-i=